お菓子 + 化学 = おいしい & 楽しい！

おうちで作れる

実験 スイーツ レシピ

2

お子さんの
自由研究に！
観察・まとめ方の
コツも掲載。

sachi_homemade

SE
SHOEISHA

はじめに

「お菓子作りって料理とちょっと違うよね」
と、最近よく言われることがあります。
これは私もお菓子作りを始めてからつくづく思ったこと。

正確に材料を計量して、きちんとした生地の混ぜ方や泡立ての見極め、
温度管理など……。
これって、なんだか化学実験にとても似てる！
そう、お菓子作りには、化学的な要素が
すごくたくさん隠れているんです。

お菓子と化学の関係を知ったら、もっとお菓子と、
化学と仲良くなれるかも。
そんな気持ちで今回も本作りをさせてもらいました。

「失敗しても大丈夫! それも実験なんだよ」
私はよく娘にそう伝えます。
失敗を恐れて、初めてのことに少し戸惑っているような、
ちょっと緊張している子どもの背中をポンと押して一緒に進んでいける、
そんな本にしたいなと思いました。

子どもでも大人でも、最初はみんな初心者です。
「お菓子作りにあまりチャレンジしてこなかったな〜」という方や、
「あまり化学得意じゃなかったんだよね〜」という方でも、
楽しみながら実験して、食べて、さらに楽しんでほしい。

簡単なお菓子から、ちょっと手の込んだお菓子まで。
ぜひ一緒に化学とお菓子の世界に飛び込んでみましょう!

sachi_homemade

もくじ

実験を始める前に

レシピの見方

・この本では、材料の分量は重さを量って使いますが、作る工程で大さじや小さじを使用しています。大さじ1は15㎖、小さじ1は5㎖です。

・卵はMサイズで、1個あたりの正味は約50gとしています。

・火加減は特に記載のない場合は中火です。

・電子レンジは500Wのものを使用していますが、お使いの機種によって加熱時間などは調節してください。オーブンもお使いの機種によって加熱時間を調節し、途中で焦げそうな場合は、アルミホイルをかぶせて焼いてください。

読者プレゼント

本書の刊行を記念して、読者プレゼントをご用意しました。以下のURLよりダウンロードしてご覧ください。

https://www.shoeisha.co.jp/book/present/9784798182186

こちらからもダウンロードできます ≫

※ 会員特典データのダウンロードに、SHOEISHA iD（翔泳社が運営する無料の会員制度）への会員登録が必要です。詳しくは、Webサイトをご覧ください。

※ 会員特典データに関する権利は著者および株式会社翔泳社が所有しています。許可なく配布したり、Webサイトに転載することはできません。

※ 会員特典データの提供は予告なく終了することがあります。あらかじめご了承ください。

この本の見方
ほん　　みかた

この本は、お菓子作りをしながら化学の実験を楽しむ本です。お菓子
のおいしさや食感、質感などはさまざまな化学的な原理で生まれます。
あまり難しく考えることなく、お子さんと一緒に楽しみながら取り組
めるようにまとめました。各ページの見方を紹介します。

実験を始める前に
じっけん　　はじ　　　　まえ

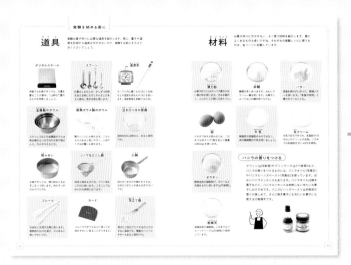

巻頭では、実験を始める
前の準備について掲載し
ています。道具や材料か
ら、お菓子作りの基本、
実験としての注意する点、
観察のポイントもわかり
やすくまとめました。

実験をした後に、観察記
録のまとめ方を見本つき
で解説。模造紙やコピー
用紙など大判の紙にまと
めてもいいですし、ノー
トにまとめてもよいでし
ょう。

実験レシピページ

それぞれの実験レシピページの見方を紹介します。

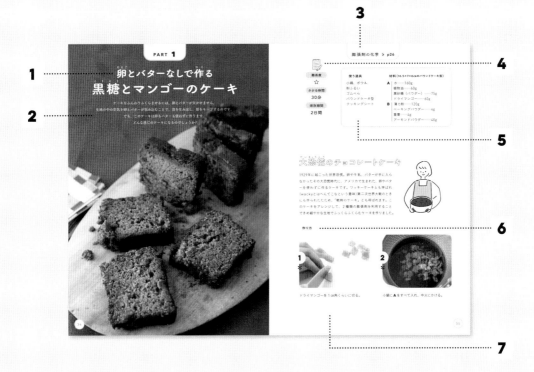

1　実験レシピの名前

2　実験レシピの紹介文

3　使っている原理

各PARTの最初のページで、テーマごとに原理を簡単に解説しています。それぞれの実験レシピでどんな原理を使っているか、確認しましょう。

4　難易度・かかる時間・保存期間

それぞれ目安を記載しています。お菓子作りや実験が初めての人は、簡単なものから始めるのがおすすめです。保存期間については、気温、湿度、その他保存環境などに左右されますので、早めに食べましょう。

5　使う道具・材料・下準備

各実験レシピに必要なものをまとめました。下準備は欄外に掲載しているものもあるので、参考にしながら、作り始める前に用意しましょう。

6　作り方

実験レシピの工程を写真付きでまとめました。観察のポイントや、お子さんと一緒に取り組めるところなども記載していますので、チェックしてください。

7　ミニ解説

各実験レシピで特徴的な材料の紹介や、原理を補足的に解説しています。

お菓子作りで気をつけたい
食品衛生のこと ①

お菓子を作って食べたり、友達にあげたりするのは楽しいことですが、
気をつけたいのが衛生面。おいしいはずのお菓子で食中毒を起こしてしまう
ことがないように、衛生について知ってみましょう。
教えてくれるのは、東京家政大学の宮聡子先生です。

Q1
食中毒ってなに?

食中毒とは、食べ物が原因となっておなかが痛くなったり、下痢をしたり、熱が出たりすること。食べ物が悪くなる腐敗とは異なり、食べ物や手についていた細菌が体の中に入ることで、食中毒を引き起こします。

Q3
食中毒の危険性がある
食品は見分けられる?

じつは食中毒というものは、見た目や匂いでは全然わからないです。ネトっとした感じがあるとか、変な匂いがするとか、見た目デロッとしているとか、そういう状態のものは食中毒ではなく、腐敗です。食中毒の原因となる菌は、ごく少量でも食中毒を引き起こします。少量ということは、見た目や匂いに変化を起こさないんです。

Q2
お菓子作りで気をつけたい
食中毒菌とは?

まずは黄色ブドウ球菌です。手のひらや鼻の入り口など、人の皮膚にいて、健康な人でも30%くらいの人が保菌しています。しっかり手を洗わなかったり、作っている最中にくしゃみをしたりすることで菌がお菓子に移り、食品の中で毒素を作り出して食中毒の原因になります。

次はセレウス菌。穀物などによくいる菌で、食品の中で芽胞を作ります。芽胞は菌の生存戦略と言えるもので、自分の周りに殻を作って閉じこもってしまいます。芽胞ができると、食品添加物をかけても、熱をかけてもビクともしません。お菓子をオーブンで焼いた後、温度が少し下がってくると、芽胞が普通の菌に戻ります。戻ると、菌はまた増殖を始め、食中毒を引き起こします。

あとはノロウイルスです。ウイルスなので菌とは全然違うのですが、流行するのは冬。感染してる人の半分くらいは、不顕性感染といって症状が出ないんです。そのため、自分がノロウイルスに感染していてもわからない。例えば家族で1人かかっている人がいて、その人がトイレに行くと、そこで家族に伝染ってしまうんです。

そしてサルモネラです。卵による食中毒が多くあります。卵の中にいる場合とカラについている場合があって、割合としてはすごく低いのですが、感染して死ぬこともあるので、注意が必要です。卵は冷蔵庫の中で保存し、割ったらすぐに食べてください。

実験を始める前に

実験を始めるにあたって
押さえておきたいことをまとめました。
道具や材料、型の使い方などお菓子作りの基本や、
実験を行う際の注意点、観察ポイントなど。

道具
どうぐ

実験お菓子作りに必要な道具を紹介します。特に、重さや温度を計測する道具は欠かせないので、実験する前にそろえておくとよいでしょう。

デジタルスケール

実験でもお菓子作りでも、分量を量ることが基本。1g単位で量れるものを用意しましょう。

スプーン

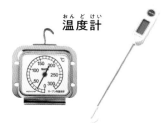

計量はしませんが、少しずつ材料を加える時に大さじや小さじがあると便利。混ぜる時も使います。

温度計
おんどけい

オーブン内に置くもの（左）と生地などの温度を測るもの（右）を使います。温度管理も実験では大切。

金属製のボウル
きんぞくせい

ステンレスなどの金属製ボウルは熱伝導がよいので冷やす時や湯せんに。大小そろえると◎。

耐熱ガラス製のボウル
たいねつ　せい

電子レンジにも使えます。こちらも大小あると使いやすく、小皿サイズは計量にも使えます。

注ぎ口つきの容器
そそ　ぐち　ようき

液体を加える時など、あると便利です。

粉ふるい
こな

お菓子作りでは、薄力粉などを必ずふるって使います。持ち手つきのものでもOK。

シノワなどこし器
き

液体と固体を分ける、プリン液をこすのに使います。こすことでなめらかな食感になります。

小鍋
こなべ

持ち手つきの片手鍋がおすすめ。注ぎ口つきだと中身を注ぎやすいです。

ゴムべら

生地などを混ぜる際に使います。耐熱性のものを選び、大小あると使いやすいです。

カード

ゴムベラやボウルなどに残った生地をきれいに取ることができます。

泡立て器
あわだ　き

混ぜたり泡立てたりするのに欠かせない道具です。電動のハンドミキサーもあると便利です。

材料
ざいりょう

お菓子作りに欠かせない、よく使う材料を紹介します。家によくあるものも多いですね。それぞれの実験レシピに使うものは、各ページに記載しています。

薄力粉
はくりきこ

お菓子作りにはタンパク質の少ない薄力粉を使います。きめが細かく、ふんわりした軽い口あたりに。

砂糖
さとう

種類が多くありますが、おもにグラニュー糖を使います。お菓子によっては上白糖を使うものも。

バター

食塩を使わずに作った、無塩バターを使います。「食塩不使用」と書かれていることも。

卵
たまご

大きさで多さが変わるため、この本ではMサイズ(殻を含んだ重量は約60g)を使います。

牛乳
ぎゅうにゅう

無脂肪や低脂肪のものではなく、成分無調整の牛乳を使いましょう。

生クリーム
なま

生乳100%で作られ、乳脂肪分18%以上のクリームの名称。この本では乳脂肪分35〜40%を使用。

ゼラチン

動物由来の凝固剤で、ゼリーなどを固めるのに使います(p95参照)。

粉寒天
こなかんてん

海藻由来の凝固剤。この本ではフルーツテリーヌ(p90参照)で使用しています。

バニラの香りをつける
かお

マフィン(p28参照)やプリンケーキ(p111参照)など、バニラの香りをつけるものには、バニラオイル(写真左)やバニラビーンズペースト(写真右)を使っています。ほかにバニラエッセンスもあります。バニラオイルは焼き菓子などに、バニラエッセンスは加熱しない冷たいお菓子におすすめです。バニラビーンズペーストは本格派の香りが楽しめて、さらに焼き菓子にも冷たいお菓子にも使える万能選手です。

お菓子作りの基本

1
材料を常温に戻す

生地を混ぜやすくしたり、素材の特性(起泡性、クリーミング性)を生かしたりするため、卵やバターなどの材料は作り始める前に冷蔵庫から出しておきます。バターは指で軽く押さえると、へこむくらいを目安に。

2
材料を計量する

お菓子作りも実験も分量をしっかり量ることが重要です。そのため、この本では計量カップなどは使わず、すべてデジタルスケールで計量します。レシピの材料も「g」単位で記載しています。計量する時は、電源を入れて容器をのせ、一度表示を0にしてから、材料をのせて量ります。

3
温度を測る

お菓子作りは、ちょっとした条件の違いで仕上がりが異なります。きれいな焼き上がりになり、正しい実験結果を得るためにも、温度管理は欠かせません。生地の温度を測ったり、オーブンを予熱する際にオーブン用の温度計を天板にのせて庫内の温度を測ったりします。

4
粉類はふるう

生地を混ぜる時にダマにならず、しっかり混ぜ合わせるためには、薄力粉などの粉類はふるってから使います。クッキングシートの上や材料が入ったボウルの上から、粉ふるいに粉類を入れてふるいます。

5
ゼラチンはふやかす

ゼラチンを使う際は、あらかじめ分量の水にふり入れ、ふやかしておきます。ふやかさなくてよい商品もありますが、こうすることで溶けやすく、作業しやすくなります。

絞り袋の使い方

フルーツタルト（p66）やクッキー（p74）を作る際に絞り袋を使います。100円ショップで売られている使い捨てのもので充分。使う際は、先端を切って口金を入れて使います。

STEP 1

一度口金を入れて、袋を切る位置を確かめる。

STEP 2

口金を少しずらして、**1**で確認した位置を切る。

STEP 3

絞り袋の口金の上の部分をねじり、中に入れた生地が口金から出てこないようにする。

STEP 4

背の高いコップなどに入れ、袋を外側に広げる。

STEP 5

生地などを入れる。

STEP 6

空気が入らないよう袋の口をねじり、先端に生地を押し出して準備完了。

口金のサイズなどは
各レシピを見てね。

型の使い方

黒糖とマンゴーのケーキ（p34）やスポンジケーキを作る際は、金属製の焼き型を使います。金属製の型を使うと熱伝導率がよく、しっかり焼き色がつきます。それぞれクッキングシートなどを敷いて使います。

丸型

完成！

型のサイズに合わせて、市販の敷紙を使うと便利です。底用の丸い紙と側面に敷くものがセットになっています。クッキングシートを型に合わせて切って使ってもOK。

パウンドケーキ型

クッキングシートを型に合わせて折って敷きます。牛乳パック型（p17）も同様に行います。

クッキングシートを型の大きさに合わせて切る。

シートを型にのせ、上下の位置を合わせて折り線をつける。

つけた線に沿って、上下を折る。

シートを裏返して型にのせ、今度は左右の位置を合わせて折り線をつける。

折った線に合わせ、写真の赤い線の部分を切る。

型に合わせ、切り込みを入れた部分が重なるようにして入れる。

完成！

型がなくても
大丈夫!

牛乳パック型の作り方
（完成サイズは17cm×7cm×4cm）

型がない場合は、牛乳パックで型を作ることができます。パートドフリュイ(p88)などはこの型を使って作りました。

注ぎ口があるほうを開く。

横にして、はさみで上⅓を切る。

口を開いたほう2か所に、パックの横の折り目(…線)から4cm切り込みを入れる。

左右と底の部分をそれぞれ切り込み入りまで折って、折り目をつける。

左右を重ね、底の部分を合わせる。

重ならない部分を内側に折り込む。

ホチキスで2か所留める。

完成!

この本では、紙製のシフォンケーキ型(p46参照)や金属製のマンケ型(p111参照)も使います。

実験のポイント

実験としてお菓子作りをする際は、まずは「実験内容：見通しを立てる」こと
(P21)、作りながら観察することが大切。観察するときに見るべきポイントを
まとめました。この4つ以外にも温度や色、香りの変化なども大切なポイント
なので、見逃さないように観察しましょう。

➊ ふくらむ様子

混ぜたり焼いたりするときに、生地がどのように
うにふくらんでいくかを観察します。
PART1ではさまざまなふくらむ力を紹介し
ています。それぞれどのようにふくらむか、
ふくらんだ生地がどんな触り心地なのか、確
認しましょう。

➋ 状態の変化

PART2では、油脂の力をテーマに取り上げ
ています。同じバターでも、使い方ででき上
りはどう違うのでしょうか。触った様子、食
べたときにどんな感じがするかなど、見て・
触って・味わって調べてみましょう。

➌ 固まる様子

PART3では、さまざまな凝固剤を使って実
験しています。凝固剤でどんな違いがあるの
か、状態だけでなく、固まる過程や温度もチ
ェックしてみましょう。

➍ 比重の違い

液体同士でも、比重が違うとコップの中でど
んな変化が起こるでしょうか。また比重の違
うものを混ぜたり焼いてみたりするとどうな
るか。PART4では、比重の違いをさまざま
なお菓子で実験します。

お子さんと作るポイント

実験するときは、必ず大人がお子さんと一緒に行いましょう。特に、火を使ったり刃物を使ったりする手順はできるだけ大人が行いますが、お子さんができる工程はぜひ任せてみてください。カラメルソースなど、砂糖を焦がして作る際は充分に換気して行います。

1
下準備

どんな材料を使うか理解するためにも、材料を室温に戻したり粉類をふるったり、お菓子作りの前の下準備は、ぜひお子さんと一緒に行ってみてください。また、年齢によっては材料を切る準備も取り組んでみましょう。

2
混ぜる

生地を混ぜる工程は、小さなお子さんでも取り組みやすい工程です。混ぜ方の違いでどんな違いがあるか、混ぜることでどう生地が変わっていくか、観察しながら行います。

3
型から出す

型から出す工程も楽しくできる工程です。実際に生地や材料に触れることで観察しやすくなります。年齢によっては、お菓子を丸めたり、中身を生地で包んだりする工程も取り組んでみましょう。

POINT!

お子さんと一緒に作る際は、ぜひ大人が声掛けして行ってみましょう。「こうすると作りやすいよ」など作り方のポイントや、「やわらかくなったね」「ツヤが出てきたね」など、生地がどんな状態か、どんな変化があるかについても伝えることで、お子さんが観察しやすくなります。

実験について 考える・まとめる

実験をする前に、テーマや実験内容の見通しを考え、実験が終わったら、
忘れないうちに実験したことをまとめておきましょう。
すぐにまとめられない場合は、結果や感じたこと、
気づいたことだけでもノートなどに書き留めておきましょう。
後日全体をまとめるときに役立ちますよ。
ノートや画用紙などにきれいにまとめたら、夏休みの自由研究として提出できます。

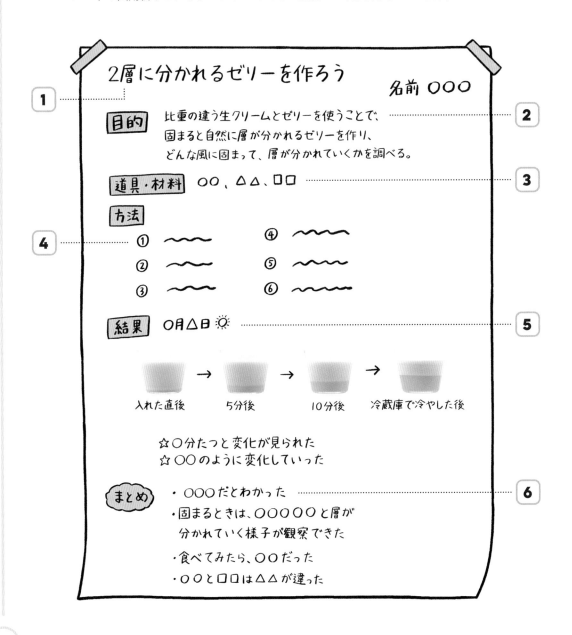

2層に分かれるゼリーを作ろう　　名前 〇〇〇

1

目的 比重の違う生クリームとゼリーを使うことで、 **2**
固まると自然に層が分かれるゼリーを作り、
どんな風に固まって、層が分かれていくかを調べる。

道具・材料 〇〇、△△、□□ **3**

方法
4
① 〜〜〜　　④ 〜〜〜
② 〜〜〜　　⑤ 〜〜〜
③ 〜〜〜　　⑥ 〜〜〜

結果 〇月△日 ☀ **5**

入れた直後 → 5分後 → 10分後 → 冷蔵庫で冷やした後

☆〇分たつと変化が見られた
☆〇〇のように変化していった

まとめ **6**
・〇〇〇だとわかった
・固まるときは、〇〇〇〇〇と層が
分かれていく様子が観察できた
・食べてみたら、〇〇だった
・〇〇と□□は△△が違った

1 テーマ

題名をつけます。どういう実験なのかがわかるような題名にしましょう。

2 実験内容: 見通しを立てる

何を調べるのかをしっかりと書いておきましょう。実験の仮説や見通し、目的・目標を立てます。ここをしっかり立てておくことで、実験により意欲的に取り組むことができます。

3 道具・材料

使用する道具や材料を書いておきましょう。

4 実験手順

どのような工程で行ったかを書きましょう。工夫したことや注意すべき点などを書いてもよいです。お菓子を作る工程では、下準備の工程も出てきます。忘れずにまとめておくとよいでしょう。

5 結果・観察内容

実験の結果を書きましょう。実験を行った日にちや天気、できれば気温や湿度などを記載するのもよいです。また、観察したこと、変化した様子などはとても大切なポイントです。
必要であれば表やグラフなどを作り、まとめてもよいでしょう。

6 考察・まとめ

実験を通してわかったこと、結論などをまとめていきましょう。自分の調べたいこと、疑問に思ったことをちゃんと解決することができましたか？調べたことや、さらに生まれた疑問点・感想などの気づけた点などにも触れるとよいです。

撮った写真を
入れてもいいね！

実験結果をわかりやすく 写真に撮るには?

実験を自由研究にまとめるとき、写真があると実験の過程や結果が伝えやすくなります。でも、ただ写真に撮ればいいわけではありません。じつは、見せたい内容によって、わかりやすい写真の撮り方があるのです。このコラムでは、実験の様子や結果を伝えやすくするための写真の撮り方を紹介します。

材料を見せるときは俯瞰で

実験の材料を見せたいときは、器に入れた材料を並べて俯瞰で撮ります。こうすることで各材料が見やすくなり、矢印などで示すこともできます。

色を見せるときは白いお皿で

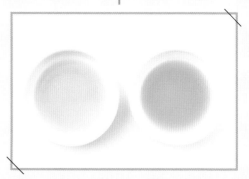

色の違いは、白いお皿に入れて撮るとわかりやすくなります。形やサイズも同じにするのもポイントです。

ふくらんだ様子は真横から

ふくらんだ状態や、ふくらみの違いを見せるには、真横から撮りましょう。2個以上を比較するなら、水平な場所に置くと高さの違いがひと目でわかりやすくなります。

POINT!

意外に見落としがちなのが、写真を撮る光の状態。撮る環境で、同じ実験結果でも違うように見えてしまいます。できるだけ、明るい時間帯に室内のライトを消して、自然光で撮りましょう。また、何枚か撮るときは、朝と夜など異なる時間帯ではなく、撮る時間帯を決めて撮ります。

それぞれの実験には、どんな撮り方をするとよいのかな?

白い背景に置く

焼き上がりの状態を見せたい場合は、白い紙などを背景に敷くと焼き色が見えやすくなります。

断面も撮る

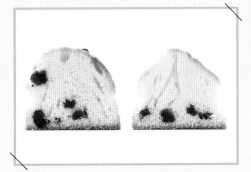

お菓子ができたら、外側の様子だけでなく、縦に半分に切って断面も撮影しましょう。中身にどんな違いがあるか、外側からはわからないことも観察できます。

比較は並べて見せる

2種類の結果を比較したいときは、並べて撮ると違いがわかりやすくなります。

比較するときは同じ器を使う

また、比較して撮るときは同じ器を使うのもポイント。分量の違いを見せたいときは、ビーカーや計量カップなど目盛りつきの器もよいでしょう。

いろいろ
工夫して
撮ってみてね!

黒い背景に置く

寒天の透明度など、白い背景ではわかりにくいものは、黒い紙などを背景に敷いてみてください。

手で持って撮る

生地のふんわりした感触や弾力などを見せたいときは手に持って割ったり、つまんでいるところを撮るとよいでしょう。

ぐっと寄って撮る

層になっているところや質感を見せたいときは、ぐっとお菓子に近づいて撮ってみてください。

材料と完成したものを並べる

材料の違いで比較したいときは、材料と完成したお菓子を並べます。材料との関係がわかりやすくなりますね。

PART 1

ブクブク

化学の力
で
ふくらませる

このパートでは、ふくらむ力を紹介します。
マフィンやシフォンケーキなどのふかふかした
生地の焼き菓子や、もこもことした泡立つ
お菓子はどのようにして作られるのでしょうか。

お菓子をふくらませる力

ケーキや焼き菓子のふんわりした食感は、生地をふくらませることで生まれています。ふくらませるためには、「膨張剤」というものを加えたり、材料の卵白を泡立ててメレンゲを作ったりしています。それぞれどんなふうにふくらむのか、実験してみましょう。

膨張剤とは

膨張とは、ふくらんで大きくなることです。膨張剤は、ふくらませるための材料のことをいいます。膨張剤は加熱や中和反応によってガス（気体）を発生します。この気体が生地を持ち上げることで、ふくらむのです。例えばホットケーキも、膨張剤を加えることでふっくらと仕上がります。

重曹

ベーキングパウダー

重曹は炭酸水素ナトリウムといい、NaHCO₃という化学式で表されます。炭酸ソーダとも呼ばれています。重曹に熱を加えると分解反応が起こり（熱分解といいます）、炭酸ナトリウムと二酸化炭素、水ができます（Na₂CO₃、CO₂、H₂O）。生まれた二酸化炭素がお菓子の生地を持ち上げることでふくらみます。重曹は昔からよく使われてきた膨張剤で、ホットケーキなどの洋菓子だけでなく、おまんじゅうなどの和菓子にも使われています。

ベーキングパウダーは、家庭でのお菓子作りによく使われる、身近な膨張剤です。炭酸水素ナトリウム（重曹）に酸性剤などを足したもので、生地に混ぜて加熱することで、二酸化炭素が発生してふくらみます。
重曹を使うと炭酸ナトリウムによって匂いや苦味が出たり、小麦粉に含まれているフラボノイド色素がアルカリ性になることで、黄色くなったりしてしまいます。そこで重曹を改良してできたのが、ベーキングパウダーです。苦味も色の変化もなく、小麦粉ともなじみやすい、使いやすい膨張剤です。

酸とアルカリの中和反応

アルカリ性の重曹にクエン酸や酢など酸性の材料を混ぜると、二酸化炭素が発生してぶくぶくと泡立ちます。これを中和反応といいます。この様子を観察できるのが、42ページで紹介している「もこもこバブル」です。材料を混ぜるとどんどん泡立ってきて、中和反応をしっかり観察することができます。

クエン酸

クエン酸はみかんやレモンなどの柑橘類や、梅干しなどに含まれている酸っぱい成分のこと。粉末状のものを手軽に買うことができます。

卵白

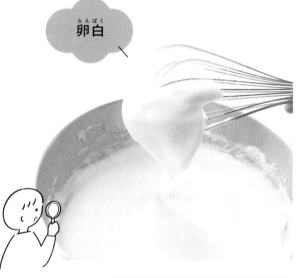

その他のふくらむ力

重曹やベーキングパウダーなどの膨張剤を使わずに生地をふくらませることもできます。46ページで紹介している「シフォンケーキ」は、卵白をしっかり泡立ててメレンゲを作ることでふくらませます。なぜふくらむかというと、卵が「起泡性」という性質を持っているからです。卵を泡立てて空気を含ませてから焼く（熱を加える）ことで、空気がふくらんで生地がスポンジ状になります。

また、生地に水分（気泡）を含ませておくことで、熱を加えると水蒸気になって体積が大きくなってふくらむものもあります。シュークリームやパイなどはこの原理を使っています。パンなどはイースト菌などの微生物が生み出す炭酸ガスによって、生地をふくらませています。

ベーキングパウダーで
ふくらませる
ふわふわマフィン

溶かしバターを使って、ベーキングパウダーの
力だけでふくらませるマフィンを作ります。
生地がどんなふうにふくらむか、観察してみましょう。

膨張剤の化学 ＞ p26

難易度

☆☆

かかる時間

50分

保存期間

2〜3日間

使う道具	材料（直径6cmのマフィン型6個分）
小皿、ボウル	バター……100g
粉ふるい	卵……50g
泡立て器	グラニュー糖……60g
マフィン型	牛乳……60g
グラシン紙のマフィンカップ	A | 薄力粉……100g
スプーン	| ベーキングパウダー……4g
	バニラオイル……3〜4滴

作り方

POINT!

牛乳が冷たい場合は、少し温める。

1

≫

バターを溶かし、冷めないように湯せんしておく。オーブンを180度に予熱する。

3

≫

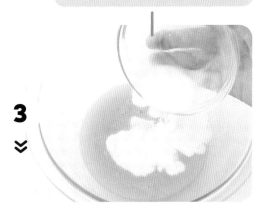

牛乳を **2** のボウルに加えて混ぜる。

2

≫

ボウルに卵をほぐし、グラニュー糖を加えて混ぜる。

4

≫

A を合わせ、ふるいながら **3** のボウルに加える。

5

⋙

泡立て器でぐるぐると混ぜ合わせる。

8

⋙

観察しよう!　バターを加えてからの生地はどんな感じかな?

生地につやが出て
くればOK。

6

⋙

1 の溶かしバターを少しずつ加え、泡立て
器で混ぜ合わせる。

一緒に!

9

⋙

マフィン型にグラシン紙のマフィンカップを
敷き、スプーンで生地を型に流し入れる。

7

⋙

バニラオイルを加えてよく混ぜる。

10

⋙

180度のオーブンで35分焼く。焼き上がっ
たら粗熱を取る。

マフィンのトッピングが
沈まないようにするには？

マフィンはレーズンやチョコチップなどトッピングが楽しいお菓子。
トッピングが沈まないようにするためにはどうすればいいか、
バターの量を変えて実験してみましょう。

難易度

☆☆

かかる時間

50分

保存期間

2〜3日間

使う道具

小皿、ボウル
粉ふるい
泡立て器
マフィン型
グラシン紙のマフィンカップ
スプーン、竹串

材料（直径6cmのマフィン型6個分）

基本のマフィン生地

（p28〜30参照）……6個分
ドライレーズン……25gほど

比較用のマフィン生地

バター……50g
卵……50g
グラニュー糖……60g
牛乳……80g

A ┃ 薄力粉……100g
　 ┃ ベーキングパウダー……4g

バニラオイル……3〜4滴
ドライレーズン……25gほど

作り方

p29〜30の **8** までを参照して、基本のマフィン生地を作る。マフィン型にカップを敷き、スプーンで生地を型に流し入れる。

一緒に!

レーズンを 5 粒ずつ加えて、竹串で生地に混ぜる。

レーズンをさらに 5 粒ずつのせる。

180度のオーブンで35分焼く。焼き上がったら粗熱を取る。

観察しよう！ 基本のマフィン生地とどんな違いがあるかな？

比較用のバターを減らした生地を作る。p29〜30の **8** までを参照し、材料を混ぜ合わせる。

マフィン型にカップを敷き、生地を型に流し入れ、レーズンを 5 粒ずつ加えて、竹串で生地に混ぜる。レーズンをさらに 5 粒ずつのせる。180度のオーブンで35分焼く。

応用

焼き上がりの比較

斜め上からの比較。左側が基本のマフィン生地で、右側がバターを減らした生地。

真横からの比較。左側のほうがよくふくらんでいるのがわかる。

真上からの比較。最後にトッピングしたレーズンは、右側はすべて沈んでいて見えない。

縦に切った断面。右側は、レーズンはすべて底のほうに沈んでいる。左側は上に残っているレーズンもある。

POINT!

バターを減らして牛乳を増やした生地のほうが、レーズンは沈みやすかった。使うバターやレーズンの種類や銘柄によっても違いがあるかもしれません。また、2種類で結果の違いがあまり出ない場合は、牛乳の量をもう少し(20gほど)増やしたりして作ってみてください。

PART 1

卵とバターなしで作る
黒糖とマンゴーのケーキ

ケーキをふんわりふくらませるには、卵とバターが欠かせません。
生地の中の空気を卵とバターが包み込むことで、泡を生み出し、形をキープするのです。
でも、このケーキは卵もバターも使わずに作ります。
どんな感じのケーキになるのでしょうか?

膨張剤の化学 ＞ **p26**

難易度

☆☆

かかる時間

1時間30分

保存期間

2日間

使う道具

小鍋、ボウル
粉ふるい
ゴムべら
パウンドケーキ型
クッキングシート

材料（16.5×7×6cmのパウンドケーキ型）

A	水……160g
	植物油……60g
	黒砂糖（パウダー）……75g
	ドライマンゴー……60g
B	薄力粉……120g
	ベーキングパウダー……4g
	重曹……4g
	アーモンドパウダー……40g

大恐慌のチョコレートケーキ

（だいきょうこう）

1929年に起こった世界恐慌。卵や牛乳、バターが手に入らなかったその大恐慌時代に、アメリカで生まれた、卵やバターを使わずに作るケーキです。ワッキーケーキとも呼ばれ（wackyとはへんてこなという意味）第二次世界大戦のときにも作られたたため、「戦時のケーキ」とも呼ばれます。このケーキをアレンジして、2種類の膨張剤を利用することできめ細やかな生地でふっくらふくらむケーキを作りました。

作り方

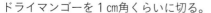

1 ドライマンゴーを1cm角くらいに切る。

2 小鍋に **A** をすべて入れ、中火にかける。

POINT!
冷ましておくため、早めに
作っておきましょう。

3

沸騰したら弱火にして 3 分ほど煮る。火を
止めて、しっかり冷ましておく。

6

5 のボウルに **3** を加える。

一緒に!

4

p16を参照して、パウンドケーキ型にクッキ
ングシートを敷く。

7

ゴムべらで生地をしっかり混ぜる。

5

B を合わせ、大きめのボウルにふるっておく。
オーブンを170度に予熱する。

8

生地が完成。

9

パウンド型に生地を流し入れる。

POINT!
こうすることで真ん中にも熱が伝わりやすくなり、火が通りやすくなる。

10

オーブンに入れる直前に、ゴムべらで型の両端に生地をなでつけるようにし、中央をへこませる。

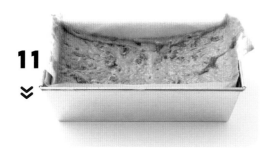

11

中央をへこませて、表面をならしたところ。

12

170度のオーブンで43〜45分焼く。

13

焼き上がったら粗熱を取り、型からはずしてクッキングシートをはがす。

**観察
しよう!** 生地がどうふくらんでいるかチェックしてみよう。

14

カットしたところ。生地がスポンジ状になりふくらんでいる。

37

外はサクサク、中はしっとり
ソフトクッキー

ケーキなどをふくらませる働きをする重曹ですが、
クッキー生地に加えると、サクサクとした食感を作ってくれます。
焼きたてよりも、冷めたもののほうがカリっとした食感と
中身のしっとりした感じがわかりやすいので、食べ比べてみましょう。

難易度

☆☆

かかる時間

1時間

保存期間

2日間

使う道具

小皿、大小ボウル
粉ふるい
ゴムべら
ラップ
クッキングシート

下準備

●卵はほぐしておく

材料（直径4〜5cm 8枚分）

A｜薄力粉……45g
　｜重曹……1g
バター……20g
ブラウンシュガー……25g
卵……8g
バニラオイル……4〜5滴
塩……ひとつまみ
こしあん……20g
チョコチップ……20g

作り方

1

Aを混ぜ、クッキングシートにふるっておく。

2

室温に戻したバターをゴムべらで練り、やわらかくする。

3

ブラウンシュガーを2に加え、混ぜ合わせる。

4

卵を少しずつ加え、混ぜ合わせる。

5
≫

バニラオイルを加えて混ぜ合わせる。

6
≫

1でふるった粉類と塩を加える。

7
≫

ゴムべらをボウルに押しつけるようにして、生地を混ぜ合わせる。

8
≫

全体が混ざったらまとめてラップに包み、冷蔵庫で30分冷やす。

9
≫

こしあんとチョコチップを混ぜ、8等分する。

10
≫

冷やしておいた生地を8等分に切る。オーブンを160度に予熱する。

一緒に!

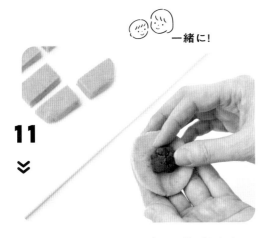

11
≫

生地をひとつ手に取り、丸めて伸ばしたら、**9** のあんを 1/8 分のせる。

12
≫

生地の端を中央に寄せ、あんを包む。

13
≫

裏返して丸く形を整える。

14
≫

手のひらで押し、直径 4〜5㎝くらいの大きさに平たくする。

POINT!
裏側に焼き色がついていたら焼き上がり。

15
≫

残りも同じようにしてあんを包み、クッキングシートを敷いた天板に並べる。160度のオーブンで11〜12分焼く。

16
≫

割ったところ。

観察
しよう!

粗熱が取れたら、手で割って食べて感触を確かめてみよう。

混ぜるだけで泡立つ
もこもこバブル

重曹とクエン酸を混ぜることで中和反応が起こり、もこもこブクブク泡立つお菓子です。
バタフライピーというハーブティーを使うことで、色の変化も楽しむことができます。
どんどん反応が進むので、見逃さないように!

難易度

☆

かかる時間

10分

保存期間

保存はできないので、
作ったらすぐ食べきる

使う道具

ビーカーもしくは小皿
小ボウル 2 つ
ミニ泡立て器
ティースプーン

材料（実験1回分）

バタフライピー（濃く淹れたもの）……10g

A | クエン酸…… 1 g
　　| 粉糖…… 5 g
　　| 乾燥卵白……少々（0.1gほど）

B | 重曹…… 1 g
　　| 粉糖…… 5 g

レモン汁……数滴

乾燥卵白（かんそうらんぱく）

乾燥卵白は、卵の卵白を乾燥させて粉状にしたもので、少し黄色みのある白い色をしています。作る過程で加熱されているため、そのまま使って食べても問題ありません。卵白には気泡の形を保つ効果があり、生まれた泡を消えにくくするために少量加えています。少し香りがあるため、レモン汁を加えました。

作り方

1

バタフライピーは濃いめに淹れたものを使う。

2

小さいボウルに **B** の材料を入れて混ぜ合わせる。

3
⌄

別の小さいボウルに **A** の材料を入れて混ぜ合わせる。

6
⌄

レモン汁を数滴加える。

観察
しよう！
青いバタフライピーが
クエン酸と反応して
ピンクに変化する。

4
⌄

混ぜ合わせた **A** にバタフライピーを加える。

観察
しよう！
すぐにもこもこと泡立つので、
見逃さないように
状態を観察する。

7
⌄

混ぜ合わせた **B** を **6** に加える。

5
⌄

ティースプーンでよく混ぜ合わせ、粉を溶かす。

8
⌄

すぐにティースプーンで混ぜ合わせる。

9

どんどん泡立ってくる。

10

ピンクだった泡の色が、だんだんと青くなっ
てくる。

11

泡立ちきったところ。どんな味や食感なのか
食べてみよう。

POINT!

この実験は火や刃物を使わないので、
お子さん1人でも作りやすいレシ
ピです。材料は分量が少ないので計
量しづらいですが、計量して材料を
準備するところまでは大人と一緒に
行って、実験はお子さん1人でチ
ャレンジしてみてもよいでしょう。

メレンゲの力^{ちから}でふくらませる
シフォンケーキ

ベーキングパウダーなどを使わずに、
卵白の持つ起泡性を利用してふくらませるケーキです。
メレンゲの泡は時間が経つと消えてしまうので、
先に卵黄の生地を作って、メレンゲができたらすぐに混ぜ合わせて焼くようにしましょう。

卵白の起泡性 > **p27**

難易度
☆☆

かかる時間
1時間

保存期間
2〜3日間

使う道具

シフォンケーキ型（紙）
粉ふるい
大小ボウル、小皿
泡立て器
ハンドミキサー
ゴムべら

材料（15cmのシフォンケーキ型（紙製））

薄力粉……70g
卵黄……60g（3個分）
水……40g
グラニュー糖a……30g
植物油（サラダ油など）……30g
卵白……90g（3個分）
グラニュー糖b……30g

作り方

1
≫

この本では型からはずしやすい、紙製のシフォンケーキ型を使います。慣れている人は金属製の型を使ってもよいでしょう。

3
≫

卵黄と水をボウルに入れてほぐし、グラニュー糖aと植物油を加え、泡立て器で混ぜ合わせる。

2
≫

薄力粉をふるっておく。すぐに焼けるよう、オーブンを180度に予熱をスタートする。

4
≫

2でふるった薄力粉を加える。

47

5

粉けがなくなるまでしっかり混ぜ合わせる。

6

別のボウルに卵白を入れ、泡立て器でほぐす。

7

グラニュー糖bを少し加え、泡立て器で少し混ぜ合わせる。ハンドミキサーに持ち替えて、高速で泡立てる。

一緒に!

8

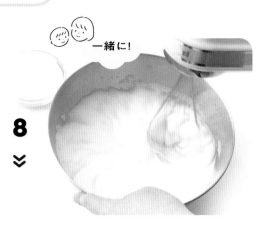

ふんわりして、角が立つ手前まで泡立てたら、残りのグラニュー糖bを半量加えて、軽く泡立てる。

9

少しツヤが出てきたら、残りのグラニュー糖bをすべて加えて、中速で泡立てる。

POINT!
角がピンと立つかたいメレンゲよりも、このくらいのメレンゲのほうが卵黄の生地と混ざりやすい。

10

もこもこ泡立ち、ツヤが出てきたら泡立て器に持ち替えて混ぜ、角がゆるやかに垂れるくらいのメレンゲにする。

11

メレンゲを泡立て器でひとすくい取り、**5**
のボウルに加える。なじませるように混ぜる。

14

型に流し入れる。

12

11の手順をもう一度繰り返したら、メレン
ゲのボウルに卵黄生地をすべて加える。

15

型を手でゆすって、生地をならす。

観察
しよう！　どんなふうに生地
がふくらんでいるか
見てみよう。

13

ゴムべらに持ち替え、泡をつぶさないように
全体を混ぜ合わせる。

16

180度のオーブンで30分ほど焼く。

17
⋙

焼き上がったら冷めないうちに逆さにして、ビンなどを型の中央に差し込んで冷ます。

20
⋙

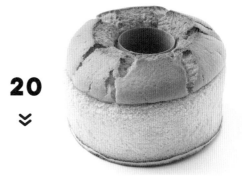

側面の紙をはがしたところ。

18
⋙

冷めたところ。焼き上がりよりも少し生地のふくらみは落ち着いたが、しぼんではいない。

21
⋙

手のひらでシフォンケーキの側面を押さえながら、底の紙を少しずつはがす。

一緒に!

19
⋙

型の側面の紙をはがしていく。

22
⋙

シフォンケーキを両手で上から押して、中央部分をはがすようにする。

観察
しよう！ 焼き上がった生地が
どんな状態か
確認してみましょう。

23

逆さまにして、底の紙を少しずつはずす。

26

焼いている間に生地がふくらんだことで、表面にひびができている。

24

一周したら、紙を取る。

27

生地の側面。細かい気泡で、スポンジ状になっている。

25

型からはずしたところ。

28

切ったシフォンケーキを手で割ったところ。

お菓子作りで気をつけたい 食品衛生のこと ②

お菓子を作って食べたり、友達にあげたりするのは楽しいことですが、
気をつけたいのが衛生面。おいしいはずのお菓子で食中毒を起こしてしまう
ことがないように、衛生について知ってみましょう。
教えてくれるのは、東京家政大学の宮聡子先生です。

Q4

食中毒をどう予防すればいいの?

食中毒を起こさないためのポイントとして、「食中毒の三原則」というものがあります。「つけない・増やさない・やっつける」の3つです。

まず「つけない」は、食中毒菌を食材やお菓子につけないということ。基本は手洗いですね。簡単に済ますのではなく、しっかり行います。特に菌がよく残っているのが、指のつけ根やシワのところ。意外と盲点なのが、親指のつけ根なんです。ここは、トイレでペーパーに隠れないところなので、トイレの後はしっかり手を洗うことが大切です。

そして、手洗いと合わせて気をつけたいのが、まな板です。肉や魚に使ったまな板をお菓子作りには使わないようにしてください。まな板は使っているうちに傷がついて、そこに菌がつきやすくなります。また、魚などを台所で調理する前に洗ったりすると、水滴が飛びますよね。怖い菌の場合、1滴の水滴の中に食中毒を起こす菌が入っていることがあります。普段から水滴が色んなところに飛ばないように注意することも大切です。

「増やさない」というのは、菌がついてしまった場合、もしくは食材には必ずと言っていいほど菌がいるので、それを増やさないようにするためにはどうするかということです。つまり保存方法をどうするかということ。注意すべきは、保存期間と温度で

す。オーブンで焼いたから大丈夫ということではなく、できるだけすぐに食べること。そして冷蔵できるものは冷蔵する。冷蔵してしまうと硬くなっておいしくなくなるという場合でも、10度以下を保つようにします。

最後の「やっつける」とうのは、そこにいる菌を殺すということ。基本的には加熱です。基本は75度で1分というルールがあります。100度でぐつぐつできるものは大丈夫なんですが、それができない牛乳などは、75度で1分と、もしくは63度で30分という基本の数値があります。これを守ることです。

でき上がったお菓子と同じように、薄力粉などの材料も開封したら基本的には冷蔵庫保存するとよいでしょう。賞味期限や消費期限が書いてあっても、それは「未開封に限る」ということなので、開封したらもう期限はないようなものなんです。

PART 2

いろんな

油脂の力 を 使いこなす

お菓子作りには、バターだけでなく、
ショートニングや植物油など、さまざまな油（油脂）を使います。
油脂にはどんな役割があるのか、
それぞれの油脂でどんな違いがあるのか、実験してみましょう。

生地をふくらませたりサクサクした食感にしたり
油脂が持つ役割

油脂とは油のこと。カロリーが多いことから避けられることも多く、ダイエット向けに、油脂を減らしたお菓子もあります。でも、油脂にはさまざまな役割があり、お菓子のおいしさや食感を生み出してくれる、欠かせないものなのです。

可塑性、クリーミング性、ショートニング性などの役割を持っています。可塑性とは、自由に形を変えることのできる性質で、パイはこの性質を利用して、薄く伸ばしたバターを重ねて層を作ります。バターは13〜18度のときに可塑性を持ち、この温度以外では可塑性を失ってしまいます。そのため、パイを作るときにはバターの温度を13度前後に保つ必要があるのです。

クリーミング性とは、空気を抱き込む性質のこと。バターを混ぜると白っぽくなりますが、これは空気を含んでいるから。オーブンなどで焼いたときに生地がふっくらふくらんだり、バタークリームがふんわりとクリーミーな食感になります。ただし、バターが溶けてしまうとクリーミング性が失われてしまうので、注意が必要です。

小麦の生地に油脂を混ぜると、グルテンが作られるのを抑えます。グルテンは小麦粉のタンパク質が水分を吸ってつながったもので、粘り気や弾力を生み出します。グルテンが作られないことで、サクサクとした食感になるのです。これがショートニング性です。ビスケット、クッキーなどの焼き菓子には欠くことのできない性質です。

このほかにも、生地にうまみを与えたり、食品が傷むのを防いだりする役割もあり、油脂はお菓子作りでさまざまな役割を持っているのです。

油脂の種類

まずは、お菓子作りでいちばん重要な油脂であるバターについて。バターは牛乳の乳脂肪分を集めて練ったもので、80％以上が乳脂肪分、水分は17％以下です。お菓子作りでは食塩を使用していない無塩バターを使いますが、料理などに使う有塩バターには食塩が入っています。よりコクのある発酵バターもあります。

マーガリンは19世紀のフランスで、バターの代用品として生まれました。植物性や動物性の油から作られ、やわらかくなめらかで、あっさりした味わいです。お菓子作りに使うこともちろん可能で、バターと同じように使うことができます。バターとどんな違いがあるか、使い比べてみてもよいでしょう。ショートニングは動物性あるいは植物性の油脂から作られる、匂いも味もない白い色の油脂です。19世紀にアメリカでラードの代用品として生まれました。水分が0.5％以下しかなく、名前のとおりショートニング性に優れていてサクサクした食感になり、素材の風味を引き立たせてくれます。

サラダ油などの液体の油脂もお菓子作りに使うことがあります。また、バターと同じ使い方はできませんが、チーズにも油脂が含まれています。クリームチーズや粉チーズなども、お菓子作りの材料として使われます。

バターの状態

54ページで紹介したように、バターには可塑性、クリーミング性、ショートニング性という性質があります。お菓子作りではその性質を利用するために、レシピごとにバターの状態が決まっています。

固形のバターは可塑性とショートニング性が高いため、パイ生地（p56参照）を作るときは冷やしたバターが溶けないうちに手早く作業します。また、サクサクしたクッキーを作りたいときには、冷えたかたいバターと小麦粉をすり合わせて、砂のような細かい粒状にして使います。やわらかくポマード状にしたバターを練って作る方法もあり、こちらはほろほろと口の中で崩れるような食感になります。この本では、フルーツタルト（p66参照）とクッキー（p74参照）で用いています。ポマードとはフランス語で軟膏のことで、指で押してあとがつくくらいの、やわらかすぎない状態のこと。ポマード状が、バターのクリーミング性を生かす適正な状態なのです。

バターを溶かして液体の状態で使うのが、溶かしバターです。液体になるとバターの可塑性やクリーミング性は失われてしまいます。溶かしバターを使うのは、バターの風味を加えたり、しっとりした食感にしたりするためです。

このように、それぞれのレシピで適したバターの状態があるため、バターはレシピに書かれたとおりに使う必要があります。バターの状態が違うと、でき上がりがどう違うか、実験してみてもよいでしょう。

冷やしたバター　ポマード状　溶かしバター

パイの層はなぜできる？

パイはフランス語でフィユタージュといい、フィユは木の葉のこと。木の葉や紙が何枚も重なったような層の生地です。焼き上がったパイは、薄い生地が何層にも重なり、サクサクとした独特の食感を生み出しています。この層は、小麦粉などでできた生地とバターの油脂の層が薄く重なってできています。オーブンで焼くことでバターが溶けて生地と生地

の間に空間ができます。生地の中の水分が水蒸気になってふくらみ、層を持ち上げます。パイの生地が持ち上がるには水蒸気がたくさん必要なため、高温で焼かなければいけません、低い温度では層がくっついてしまい、きれいに焼き上がらないこともあります。

パイ生地の作り方には種類がありますが、この本で紹介しているのは、サイコロ状に切ったバターを小麦粉に混ぜて練り、生地を作る方法です。比較的に簡単なので、初心者でも挑戦しやすい方法です。ほかにバターと生地を折り込んで作る方法もあり、こちらは小麦粉の生地でバターを包んで薄く伸ばし、何度も折り重ねて伸ばすことで層を作ります。

固形のバターで作る
サクサクのパイ

バターの可塑性を利用して、固形のバターと小麦粉で
パイ生地を手作りしてみましょう。
バターが溶けないように手早く作業することと、
しっかり高温で焼くことがポイントです。

バターの可塑性 > p54

難易度	使う道具	材料（作りやすい分量）
☆ ☆	まな板、包丁	バター……40g
	ボウル、小皿、	薄力粉……50g
かかる時間	ゴムべら、ラップ	強力粉……50g
1時間30分	こね台（ペストリーマット、	塩……1g
	なければ大きめのまな板）	水……45g
保存期間	めん棒	打ち粉（強力粉）……適量
2〜3日	クッキングシート	グラニュー糖……適量

焼く前の生地は冷凍することもできます。ラップに包んでから保存袋に入れ、空気を抜いてから冷凍しましょう。作ってから2週間ほどを目安に使うようにしましょう。

作り方

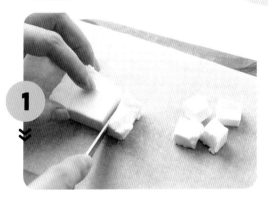

1

バターを1cm角に切る。材料は冷蔵庫で冷やしておく。

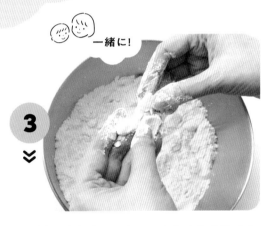

一緒に!

3

バターを加え、ひとつのかたまりを手で2〜3個にちぎりながら混ぜる。

2

薄力粉と強力粉を混ぜてふるい、塩を加える。

観察しよう!

この段階では、写真のような塊でOK。

4

写真のような状態になるまで、さっと混ぜる。

57

5

粉の中央をくぼませ、水を 5 gほど残して加える

POINT!
バターをつぶしても大丈夫!

8

手で生地を混ぜる。

6

ゴムべらで水分を行き渡らせるように混ぜ合わせる。

9

生地をひとつにまとめる。

POINT!
季節や部屋の温度によって、水分量が変わる。

7

ぽろぽろしてきたら、残りの水を調整する。

一緒に!

10

ラップに包んで、手で叩いて厚さを均一にする。冷凍庫で30分寝かせる。

11

生地をラップから出して、打ち粉をしたこね台に出し、めん棒で縦に5㎜厚さほどに伸ばす（縦30×10㎝くらいの大きさ）。

14

再びめん棒で縦に5㎜厚さほどに伸ばす（縦30×10㎝くらいの大きさ）。

POINT!
生地をこまめに冷やしながら折り込んでいく。

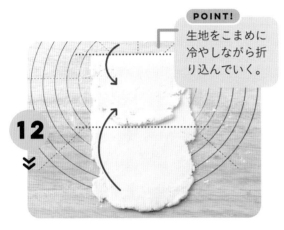

12

生地を三つ折りにして、10×10㎝くらいになるようにする。ラップに包んで冷凍庫で5分寝かせる。

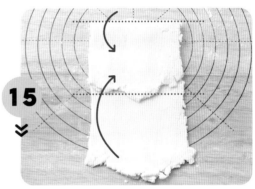

15

生地を三つ折りにして、10×10㎝くらいになるようにする。ラップに包んで冷凍庫で5分寝かせる。

POINT!
全部で3回生地を折り込む。

13

ラップから生地を取り出し、重なった生地の端が縦になるようにしてこね台に置く。

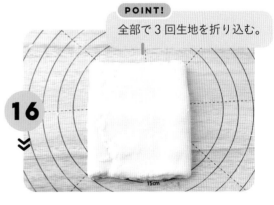

16

ラップから生地を取り出し、重なった生地の端が縦になるようにしてこね台に置き、14〜15をもう一度行う。オーブンを200度に予熱する。

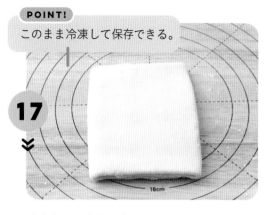

17

冷凍庫から生地を出したところ。

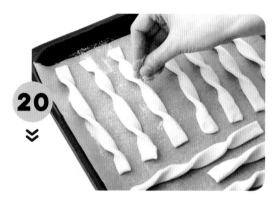

20

生地をねじり、クッキングシートを敷いた天板に並べる。グラニュー糖をふりかける。

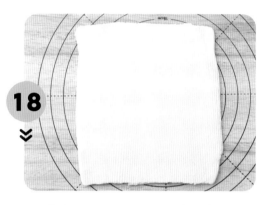

18

5mm厚さほどになるまでめん棒で生地を伸ばす。

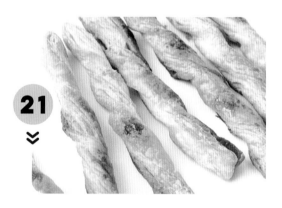

21

200度のオーブンで15〜18分焼く。

観察
しよう!

パイの端や、ねじったところを見てみよう。割ってみても。

19

1.5cm幅に切る。

22

端のほうを見ると、生地の層がしっかりできていることがわかる。

簡単でサクサクおいしい
2種のりんごパイ

市販のパイ生地とりんごで作る、キャラメルりんごパイと簡単アップルパイです。
56〜60ページで作った手作りのパイ生地を使って、
市販のパイ生地とどう違うか比べてもよいでしょう。

難易度
☆

かかる時間
それぞれ30分〜

保存期間
1日

| 使う道具 | まな板、包丁、片手鍋、木べら、小皿、こね台(ペストリーマット、なければ大きめのまな板)めん棒、スプーン、クッキングシート、はけ、へら |

キャラメルりんごパイ

材料(直径15cmほど1個分)

市販のパイシート
　(10×18cm、80g)…… 1 枚
りんご…… 2 個(500gほど)
A ┌ グラニュー糖……30g
　　└ 水……15g
水……15g
バター……10g
卵黄(ツヤ出し用)……適量

簡単アップルパイ

材料(10×8cm4個分)

市販のパイシート
　(10×18cm、80g)…… 2 枚
りんご……½個
はちみつ……適量
グラニュー糖……小さじ 2
卵黄(ツヤ出し用)……適量

作り方

1

キャラメルりんごパイを作る。りんごは皮をむいて縦に 4 等分してから、さらに 3 等分する。

観察しよう! 注意しながら砂糖の変化を見てみよう。

2

鍋に **A** の材料を入れて中火にかける。ぶくぶくと泡立って焦げ茶色になってきたら、水を入れて火を止める。

3

カラメルを溶かしたらバターを加えて溶かす。

POINT!
フタを閉めないで煮る。

4

りんごを加えて全体にからめ、再び火をつけ、弱火〜中火くらいの火加減で20分ほど煮る。

手作りのパイ生地(p56〜60)を使っても。市販のパイシート2枚分くらいの分量になる。

5 15分ほど加熱したところで、水分があれば強火にして水分をとばす。冷ましておく。

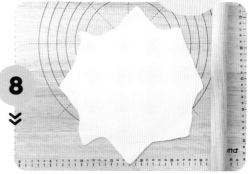

8 20cm四方くらいの大きさになればOK。

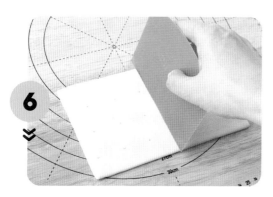

6 パイシートを半分に切る。オーブンを200度に予熱する。

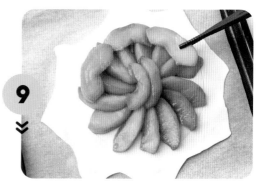

9 写真のように、パイシートの中央にりんごを並べていく。セルクルなどで丸くあとをつけると並べやすい。

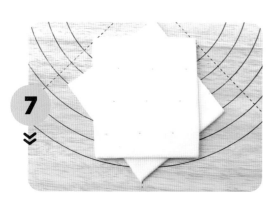

7 パイシートをずらして重ね、めん棒で伸ばす。

一緒に!

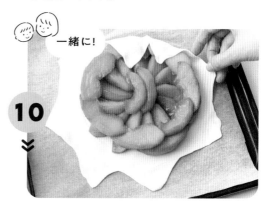

10 りんごを並べ終わったら、生地の端を中央に向けて折り、りんごにかぶせる。

11

パイシートにツヤ出し用の卵黄を溶きほぐして塗る。

POINT!
ひとつあたり、りんご5枚ほどを使うので、20枚くらいになるように切る。

14

簡単アップルパイを作る。りんごは半分を皮つきのまま、3〜4mm厚さになるよう薄く切る。

12

200度のオーブンで15分焼き、その後170度で20分焼く。

15

天板にクッキングシートを敷き、はちみつを4cmほどたらす。

観察しよう!
パイシートの部分が層になっているか見てみよう。

13

カットした断面。

一緒に!

16

はちみつをたらしたところに、りんごを5枚ずつ上に重ねて並べる。

POINT!
こう並べると、ひっくり返
したときにきれいに見える。

17
≫

りんごを並べたところ。オーブンを200度に
予熱する。

20
≫

グラニュー糖をふりかける。

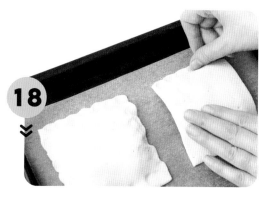

18
≫

パイシートを半分に切り、りんごが隠れるよ
うに少し伸ばし、天板のりんごに被せる。生
地の端を指で押さえる。

21
≫

200度のオーブンで15分焼く。焼けたら、
パレットナイフやへらなどで裏返す。

19
≫

パイシートにツヤ出し用の卵黄を溶きほぐし
て塗る。

観察
しよう!
パイシートの部分が
層になっているか
見てみよう。

22
≫

カットした断面。

ポマード状のバターで作る
フルーツタルト

バターの性質を利用して、サクサクのタルトを作りましょう。
粉糖を使うことで、きめ細かいやわらかさのある生地に。
アーモンドクリームを敷いて焼くので、
仕上げのデコレーションなしでもおいしく食べられます。

バターの可塑性、ショートニング性 > p54

難易度
☆ ☆ ☆

かかる時間
1時間30分

保存期間
1日
（デコレーションなしの
ものは3〜4日）

使う道具　粉ふるい、タルト型、ボウル、ゴムべら、ラップ、
小皿、こね台（ペストリーマット、なければ大きめの
まな板）、めん棒、ハンドミキサー、包丁、
フォーク、スプーン、まな板、絞り袋、
星口金8切、クッキングシート

材料（直径16cmのタルト型1個分）

タルト生地
バター……40g
薄力粉……80g
粉糖……40g
卵……15g
打ち粉（強力粉）……適量
デコレーション
生クリーム……100g
グラニュー糖……15g
いちご……1パック
ブルーベリー……10粒ほど

アーモンドクリーム
バター……30g
グラニュー糖……30g
アーモンドプードル……30g
卵……30g
ベーキングパウダー……1g
薄力粉……2g

作り方

1

薄力粉と粉糖、アーモンドプードルはそれぞ
れふるう。

観察
しよう!　手を洗って、指で実際に
押してやわらかさをチェック!

2

タルト生地を作る。バターは室温に戻して、
少しひんやりするくらいで、指で押してあと
がつくくらいのかための ポマード状にする。

3

ゴムベラで練ってやわらかくする。

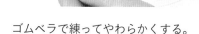

POINT!
さらに軽い食感を出す
ため、粉糖を使用する。

4

粉糖を加え、ゴムべらで混ぜ合わせる。

5
⌄

しっかり全体が混ざり、白っぽくなればOK。

6
⌄

卵を溶きほぐし、少し加えて混ぜ合わせる。

7
⌄

何度かに分けて残りの卵を加え、ゴムべらで
全体を混ぜ合わせる。

8
⌄

ふるっておいた薄力粉を加える。

9
⌄

ゴムべらで全体を混ぜる。

10
⌄

香りをよくするため、バニラオイルを入れる
場合はここで3～4滴加えるとよい。

11

全体が均一になるよう、ボウルに生地を擦りつけるようにして混ぜる。

14

アーモンドクリームを作る。室温に戻したバターをボウルに入れて、ゴムべらでやわらくなるまで練る。

観察
しよう!

指につくかどうかで、生地の状態を確認しよう。

12

生地に触って、指につかなければOK。

15

グラニュー糖とアーモンドプードルを混ぜる。

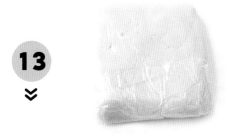

13

生地をラップで包んでまとめ、冷蔵庫で30分寝かせる。

16

15 で混ぜたものを **14** のボウルに少しずつ加え、ゴムベラで混ぜ合わせる。

17

すべて加えて、しっかり混ぜる。

20

薄力粉とベーキングパウダーを加え、混ぜ合わせる。

18

卵を溶きほぐして、少し加えて混ぜ合わせる。

21

アーモンドクリームの完成。ラップをして冷蔵庫で20分ほど休ませておく。オーブンを180度に予熱する。

POINT!
空気を含ませすぎないよう、ゴムべらで混ぜる。

19

残りの卵も少しずつ加え、その都度混ぜ合わせる。

一緒に!

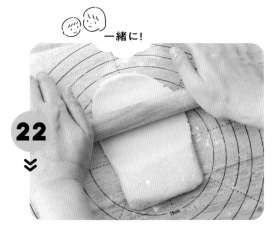

22

タルト生地を型に敷いていく。生地をラップから取り出し、打ち粉をしたこね台に置いてめん棒で伸ばす。

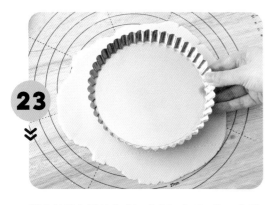

23

型よりひと回り大きいくらいまで、均一な厚さになるように伸ばす。

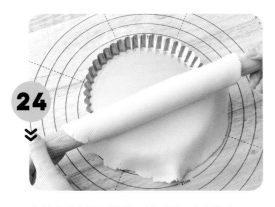

24

生地をめん棒に巻きつけ、型の上に敷く。

25

指で生地を型の側面に立たせるようにして、すき間がないよう、型に敷き込む。

26

めん棒を型の縁で転がし、余分な生地を落として取りのぞく。

27

フォークで生地に穴を開ける。

POINT!

ピケという、生地がふくらまないよう空気が逃げるための穴を開ける。

28

格子状になるよう、90度型を回してフォークで穴を開ける。この通りでなくても、生地全体に穴が開いていればOK。

29

タルト生地の上に**21**のアーモンドクリーム
を流し入れる。

一緒に!

30

スプーンなどで表面をならす。

観察
しよう!　焼き上がりのタルト生
地の状態を確認して
みよう。

31

180度のオーブンで30分ほど焼く。

32

型から焼いたタルトを取り出す。このままカ
ットして食べてもおいしい。

33

デコレーションする。生クリームとグラニュ
ー糖をボウルに入れ、氷水に当てながら泡立
てる。

34

ピンと角が立つくらいまで泡立てる。

35

いちごはよく洗い、縦に半分に切る。何個か
はヘタを残したままにする。ブルーベリーは
洗って水けを拭く。

38

いちごを飾る。カットした面が交互になるよ
うにすると、バランスよく飾ることができる。

一緒に!

36

生クリームを絞り袋に入れ(p15参照)、タル
ト台の中央に円を描くように絞る。

39

すき間にブルーベリーを飾る。

37

タルトの縁に、貝がらの形になるように、手
前に向かって細く引き抜くように絞っていく。

40

デコレーションの完成。

油脂の割合を変えて
焼き比べクッキー

バターのショートニング性を利用することで
サクサクした食感になるクッキー。
バターの量を変えて、焼き比べてみましょう。
どんな違いが出るでしょうか?

難易度
☆☆

かかる時間
1時間

保存期間
3〜4日

※74ページの写真のうち、右側の上下のクッキーは80〜81ページで紹介している卵黄を使ったクッキーです。

使う道具
粉ふるい、小皿
ボウル、ゴムべら
小皿、スプーン
絞り袋、星口金15切
クッキングシート

下準備
●卵は溶きほぐしてから計量する。
●バターは室温にもどす。
●オーブンを170度に予熱する。

材料（直径3cm16枚ほど）
基本のクッキー生地
バター……20g
薄力粉……50g
卵…… 8 g
グラニュー糖……20g

バターの量を倍にした
クッキー生地
バター……40g
薄力粉……50g
卵…… 8 g
グラニュー糖……20g

作り方

1

基本の生地と、バターの量を倍にした生地で比較する。写真左は基本の生地に使うバター、右はその2倍のバター。

2

室温に戻したバターをゴムべらで練ってやわらかくしたらグラニュー糖を加え、全体が白っぽくなるまで混ぜる。

3

卵を少しずつ加える。

POINT!
材料が多くないので、全工程ゴムベラでOK！

4

全体を混ぜ合わせる。残りの卵も同様に加え、その都度混ぜる。

75

5

卵をすべて混ぜ終わったところ。

POINT!
ぽろぽろした小さなかたまりができて、表面に粉が少し残っている。

8

粉けがまだ少し残っているところまで混ぜる。

6

ふるっておいた薄力粉を加える。

POINT!
バター多めの生地と、どんな違いがあるか確認しよう。

9

生地をボウルの中でまとめる。

一緒に!

7

ゴムべらでさっくりと切るように混ぜる。

POINT!
成形は自由にしてみよう。

10

生地を2つに分け、半分を8等分し、丸めてから平たく伸ばして成形する。残り半分も8等分し、スプーンで天板に広げる。

観察
しよう!　生地の厚みによって
焼き色も変わる。

11

170度のオーブンで12〜13分ほど焼く。焼き上がったら取り出して冷ます。

12

バター多めのクッキーを作る。バターをゴムべらで混ぜ、やわらかくしていく。

13

グラニュー糖を加える。

14

全体が白っぽくなるまで混ぜる。

15

卵を少し加えて全体を混ぜ合わせる。

16

残りの卵を少しずつ加え、その都度混ぜ合わせる。

17

薄力粉をふるい入れる。

比較するので、クッキーの
成形は基本のクッキー生地
と同じにするとよい。

20

77ページの**11**と同じように成形する。ここ
では生地の半分は絞り袋に入れて（p15参照）
絞り出し、残り半分はスプーンで成形した。

18

ゴムべらで粉けがなくなるまで混ぜる。

21

170度のオーブンで12〜13分ほど焼く。

19

ボウルの中で生地をまとめる。

22

焼き上がったら取り出して冷ます。

観察
しよう！ どんな違いがあるか、
よく見てみよう。

23

焼く前の生地のかた
さもくらべて観察で
きそうだね。

左が基本のクッキー、右がバター多めのクッ
キー。

POINT!
80〜81ページで紹介している応用
クッキーも作って比較してみよう。
手でつぶして、感触をチェックして
もいい。食べた感じも比べてみよう。

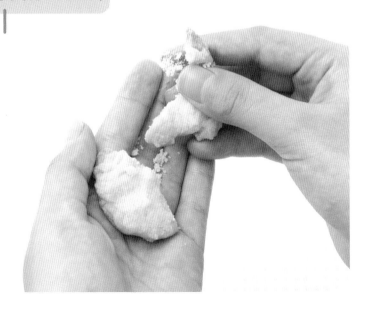

卵とバターで クッキーの焼き比べ

前のページでは、バターの量でクッキーを焼き比べてみました。では、さらに全卵と卵黄のみで作るのと、どのような違いが出るのでしょうか? 1 基本のクッキー（バター普通＋全卵）、2 バター多め＋全卵、3 バター普通＋卵黄のみ、4 バター多め＋卵黄のみの4種類で表にしてみました。ぜひ実際に作って比べてみてください。

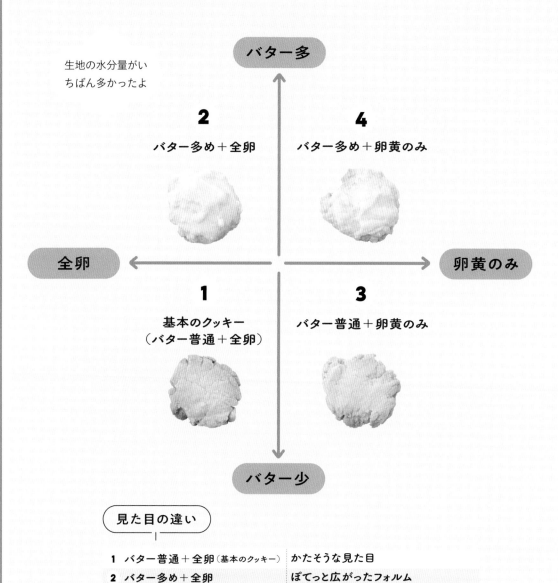

生地の水分量がいちばん多かったよ

バター多

2 バター多め＋全卵

4 バター多め＋卵黄のみ

全卵 ← → 卵黄のみ

1 基本のクッキー（バター普通＋全卵）

3 バター普通＋卵黄のみ

バター少

見た目の違い

1	バター普通＋全卵（基本のクッキー）	かたそうな見た目
2	バター多め＋全卵	ぽてっと広がったフォルム
3	バター普通＋卵黄のみ	黄色みが強く、かたさも感じる
4	バター多め＋卵黄のみ	黄色みが強く、ぽてっと広がった感じ

材料（直径3cm16枚ほど）

3

バター普通＋卵黄のみの生地
バター…20g
薄力粉…50g
卵黄…8 g
グラニュー糖…20g

4

バター多め＋卵黄のみの生地
バター…40g
薄力粉…50g
卵黄…8 g
グラニュー糖…20g

自分がいちばん好きなクッキーの生地はどれかな？見た目はどれもカチッとかたそうなのに、食べると印象が変わるのがおもしろい！

バター多

2

バター多め＋全卵

4

バター多め＋卵黄のみ

全卵 ← → 卵黄のみ

1

基本のクッキー
（バター普通＋全卵）

3

バター普通＋卵黄のみ

バター少

食感と味の違い

1	バター普通＋全卵（基本のクッキー）	ぱりっとした食感、素朴な味がした
2	バター多め＋全卵	サクサクとほろほろの両方の食感がある
3	バター普通＋卵黄のみ	サクサクした食感、卵の風味を強く感じた
4	バター多め＋卵黄のみ	ほろほろした食感でサクサク感がいちばんない

チーズの油脂で作る
ぱりぱりチーズクラッカー

軽い食感のクラッカーをチーズの油脂で作ってみましょう。
生地とまとまりやすくするため、粉チーズを使います。
どんな食感になるでしょうか?
ストローで穴を開けて、形もチーズっぽくしてみました。

油脂のショートニング性 > **p54**

難易度
☆
かかる時間
40分
保存期間
3～4日

使う道具

保存袋（Mサイズ）
カード、めん棒
包丁、まな板
ハサミ、ストロー
クッキングシート

材料（作りやすい分量）

薄力粉……30g
粉チーズ……15g
グラニュー糖…… 5 g
ハーブソルト…… 1 g
水……15g

作り方

POINT!
保存袋のまま作れるので
手軽に作れます。

1

水以外の材料を保存袋に入れて、最後に水を加える。袋をもんで混ぜ合わせる。

3
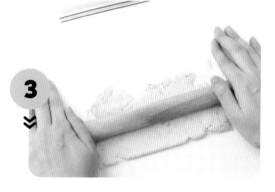
カードで生地を集めて行ってもよい。保存袋のまま、めん棒で生地を伸ばす。

2

生地がまとまるまで混ぜる。

4

2～3㎜厚さまで伸ばしたら、冷凍庫で20分ほど冷やす。

5

袋の両端をハサミで切り、袋を開く。オーブンを180度に予熱する。

6

生地を縦に3等分する。

POINT!
こう切ることで二等変三角形になる。

7

次に斜めに2cmほどの等間隔に切る。

8

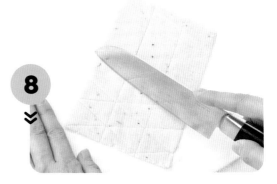

7とは包丁の刃を反転させて、斜めに2cmほどの等間隔に切る。

9

天板にクッキングシートを敷いて生地を並べ、ストローで穴を開ける。こうするとチーズっぽく見えて、かわいく仕上がる。

観察しよう!　割って感触を確かめてみよう。

10

180度のオーブンで10〜12分ほど、焼き色がつくまで焼く。

PART

3

ぷるぷる

固(かた)まる力(ちから)
を
比(くら)べてみる

ぷるぷるのゼリーや弾力のあるグミなど、
爽やかでおいしいお菓子は、
さまざまな凝固剤(ぎょうこざい)の力で固まります。
それぞれの凝固剤でどんな違いがあるのでしょうか。

凝固剤の特徴を知って使い分ける

ゼリーにムース、ババロア、ようかん、杏仁豆腐など、和洋中問わず、ひんやりとしたさまざまなお菓子。これらは、凝固剤という固める力を持つ材料を加えることで、水分を固め、つるりとした食感を生み出しています。

少しの量で水分を固めてしまう力は、凝固剤の構造がカギになっています。凝固剤はとても細長い構造をしています。熱い水の中に凝固剤を溶かし、温度が低くなってくると、分子がお互いにくっつき合うようになります。

もともとの細長い鎖状の構造が引き寄せ合うことで網目状になり、そこに水分を抱き込んで固まるのです。

お菓子作りに使われる凝固剤は、ゼラチン、寒天、ペクチン、アガーの4種類あります。ひと口に凝固剤といっても、それぞれ原料も特徴も、適したお菓子も異なります。4種類の特徴を知って、使い分けてみましょう。この本では紹介していませんが、同じお菓子でも別の凝固剤で作るとどんな違いがあるか比べてみるのもおもしろいかもしれません。

ゼラチン

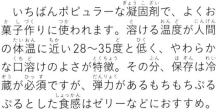

いちばんポピュラーな凝固剤で、よくお菓子作りに使われます。溶ける温度が人間の体温に近い28〜35度と低く、やわらかな口溶けのよさが特徴。その分、保存は冷蔵が必須ですが、弾力があるもちもちぷるぷるとした食感はゼリーなどにおすすめ。

熱に弱いので、ゼラチンを溶かしたら、沸騰させないようにしましょう。泡を抱え込む気泡性という性質があり、ムースやマシュマロにも用いられます。動物の骨や皮を原料としていて、主成分はタンパク質です。そのため、タンパク質分解酵素を持つパイナップルやキウイ、パパイヤなどのフルーツを使うときは、火を通してから使わなければいけません。粉ゼラチン、板ゼラチンなどの種類がありますが、家庭では使いやすい粉ゼラチンがおすすめです。

寒天

寒天は、ようかんやあんみつなど、和菓子で古くから使われる凝固剤です。テングサやオゴノリなどの海藻を原料としていて、溶ける温度が90〜100度と高いため、常温で固まります。砂糖を入れることで透明に。サクッとした独特の歯ごたえある食感と、つるりとしたのどごしのよさが特徴です。匂いや味がないので、素材の風味を生かしてくれます。

そのゲル化力（ゼリー化する力）は、ゼラチンの10倍近く、かたい弾力のあるゲルを作ることができます。パイナップルやキウイなどを生で使っても固めることができます。棒寒天、粉寒天、糸寒天などの種類があり、粉寒天以外は先に水につけてふやかしてから使います。

ペクチン

　かんきつ類やりんごなど、果物が持つ成分を利用した凝固剤がペクチンです。市販されているペクチンには、製菓材料店などで扱っているHMペクチンと、スーパーなどでも手に入るLMペクチンの2種類があります。

　HMペクチンは高い糖度と強い酸があると、高い温度でも固まります。一方、LMペクチンは、さらにカルシウムなどのミネラルがあると固まる性質を持っています。ジャムやマーマレードは、材料となる果物に含まれるペクチンと酸、砂糖が合わさることで固まるのです。

アガー

　寒天と同じ海藻から作られる凝固剤で、アガーはスギノリやツノマタなどを原料にしています。常温で固まるため、夏でも溶けにくいのが特徴です。ゼラチンと寒天の間のような、弾力のあるぷるっとした食感です。透明度が高いため、透きとおった、美しい光沢のあるゼリーを作ることができます。

　ただし、ダマになりやすいので、使う際はレシピにある砂糖を少し混ぜて、少しずつ液体にふり入れて、よく溶かさなければなりません。常温で固まってしまうので、のんびり作業していると途中で固まってきてしまうことも。種類が豊富なので、作りたいお菓子に合わせて選ぶようにしましょう。

凝固剤の種類と特徴

名前	ゼラチン	寒天	ペクチン	アガー
原料	動物由来のタンパク質	海藻	果物	海藻
溶ける温度	50〜60度	90度以上	60〜100度	90度以上
固まる温度	20度以下（冷蔵庫で冷やす）	40〜50度	30〜40度	30〜40度
透明度・色	あり 薄く黄色ががっている	なし 白っぽい	透明	透明
食感	むっちり 弾力がある	サクッとして 歯切れがよい	とろとろ	ふるふる
おすすめのお菓子	ゼリー（p108）、ムース、マシュマロ、グミ（p95）	琥珀糖、杏仁豆腐、ようかん、フルーツテリーヌ（p99）	ジャム、パートドフリュイ（p88）	ゼリー

ペクチンを使ってみよう**1**

パートドフリュイ

高い糖度と強い酸性で固まるHMペクチンを使ってみましょう。
どんなふうに固まっていくか、どんな食感に仕上がるか。
作っているときからしっかり観察しましょう。

凝固剤　ペクチン > p87

難易度

☆☆

かかる時間

30分

保存期間

6～7日

使う道具

小鍋、スプーン
小皿、泡立て器(小)
ゴムべら、温度計
牛乳パック型(p17参照)
クッキングシート
包丁、まな板
バット

下準備

●p17を参照して、牛乳パック型を作り、クッキングシートを敷いておく

材料(2cm角のもの20個ほど)

オレンジジュース……100g
グラニュー糖……50g
水あめ……30g
A │ グラニュー糖……15g
　　 │ HMペクチン……3g
クエン酸……1g
水……2g
粗めのグラニュー糖……適量

作り方

POINT!
ペクチンはダマになりやすいので、砂糖と混ぜて使う。

1

Aを混ぜ合わせる。

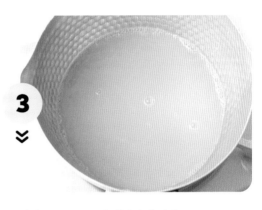

3

中火にかけ、ひと煮立ちさせる。

2

鍋にオレンジジュースとグラニュー糖を入れ、水あめを入れる。

4

混ぜ合わせた**A**を鍋に加え、すぐに混ぜる。

POINT!
酸を加えるとすぐに固まり
出すので作業は手早く行う。

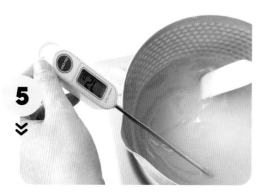

5

中火にかけ、温度を測りながら混ぜ合わせる。

8

クエン酸と水を混ぜ、鍋に加える。

観察
しよう！
5分くらい加熱すると
106度になるので、
見逃さずに確認しよう。

6

106度まで加熱する。

観察
しよう！
混ぜるとすぐに
固まっていくので、
様子を見てみよう。

9

全体をさっと混ぜる。

7

火から下ろし、少しかき混ぜて、泡を落ち着かせる。

10

牛乳パック型にすぐに流し入れる。

観察
しよう！ 固まっていく
様子を見てみよう。

11

室温において固める。

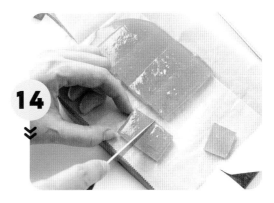

14

さらに2cm角になるように切る。

12

固まったら型から出し、クッキングシートを
開く。

15

粒が粗めのグラニュー糖をバットに入れ、ま
ぶす。

13

包丁で2cm幅に切る。

16

ほかのジュースで作ることもできる。左から
ぶどうジュース、メロンジュース、アセロラ
ジュース。

ペクチンを使ってみよう**2**
ふるふるミルクプリン

スーパーなどでも売られているLMペクチンを使ってみましょう。
カルシウムやカリウムなどのミネラルと結合して固まるので、
混ぜるだけで固まるミルクプリンを作ります。
ペクチンがしっかり溶けていないと失敗しやすいので注意!

凝固剤　ペクチン ＞ **p87**

難易度

☆

かかる時間

30分

保存期間

保存はできないので、
作ったらすぐ食べきる

使う道具

小皿、泡立て器（小）
小鍋、スプーン
ボウル、泡立て器

材料（作りやすい分量）

A ｜ LMペクチン……5g
　　　グラニュー糖……20g
水……50g
牛乳……100g

作り方

1

手早く行うため、材料をしっかり用意する。

POINT!
ペクチンはダマになりやす
いので、砂糖と混ぜて使う。

2

Aのペクチンとグラニュー糖を混ぜ合わせ
る。

3

鍋に水を入れ、混ぜ合わせた**A**を加える。

4

泡立て器などでよく混ぜる。

5

鍋を中火にかけ、沸騰させる。

POINT!
ペクチンが残らないよう、
しっかり溶かす。

6

混ぜてしっかり溶かす。

**観察
しよう!** ペクチンがしっかり
溶けているか確認。

7

ボウルに移す。

POINT!
冷めてしまうと、牛乳を混
ぜても固まらなくなるよ!

8

冷めないうちに牛乳を加える。

**観察
しよう!** 固まっていく様子を
見てみよう。

9

泡立て器でよく混ぜる。

10

ふるふるした感じになったら完成。冷蔵庫で
冷やすと、しっかり固まる。

ゼラチンを使ってみよう

ジュースで作るグミ

子どもが大好きなお菓子のひとつ、グミ。
ぐにぐにもちもちとした食感はやみつきになります。
ゼラチンを使って、自分でグミを作ってみましょう。
香料を使っていない市販のジュースを使うのがおすすめです。

PART 3

難易度

☆

かかる時間

30分

保存期間

1〜2日

使う道具

シリコンのモールド型
小皿、泡立て器(小)
小鍋、ゴムべら

材料(1個6〜7gのモールド型　20個分)

| A | 粉ゼラチン……10g |
| | 水……30g |

ぶどうジュース……100g
グラニュー糖……30g
水あめ……50g
コーンスターチ…… 3 g
サラダ油……適量

作り方

1

シリコン型にサラダ油を薄く塗る。

POINT!
ゼラチンを多めに使うので、先に湯せんで溶かしておく。

2

水にゼラチンをふり入れてふやかし、湯せんで溶かす。

POINT!
ジュースは濃いめのものがおすすめ。

3

鍋にジュース、グラニュー糖、水あめ、コーンスターチを入れる。

4

中火にかけ、混ぜながら溶かす。

96

沸騰したら少し火を弱め、5分ほど煮つめる。

混ぜながら、余熱でゼラチンを溶かす。

観察
しよう!

水分が減って、とろりと
した様子をチェック。

液が半分くらいになったら火を止める。

ゼラチンが溶けたら、氷水を入れたボウルに
鍋底をあて、少し熱を取る。

2で溶かしたゼラチンを加える。

観察
しよう!

冷やし過ぎると固まって
しまうので、少し温かい
状態を保つようにする。

強いとろみが出てくる。

POINT!
牛乳パック型(p17
参照)を使用しても。

11

シリコン型に手早く流し入れる。

14

完成。どんな食感か食べて確認してみよう。

12

冷蔵庫に入れて冷やし固める。

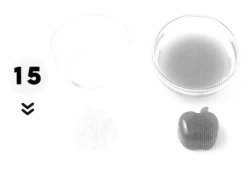

15

グミもほかのジュースで作っても。左からマ
スカットジュース、グレープフルーツジュー
ス。

13

固まったら、型から取り出す。

一緒に!

グミの触感を確認できるので、型
から出す作業はぜひお子さんにお
願いしてみましょう。

寒天を使ってみよう

フルーツテリーヌ

最後は寒天を使ってみましょう。

寒天は砂糖を入れると透明になる特徴があります。

寒天を煮溶かす過程でどう変わるか、ぜひ観察してみてください。

果物は合計200〜250gになるようにします。

難易度

☆

かかる時間

30分

保存期間

1日（冷蔵）

使う道具

450㎖のシリコン製パウンド型
小鍋、スプーン
小皿、ゴムべら
包丁、まな板

下準備

●パイナップルは食べやすい大
きさに切り、みかんはシロッ
プと分け、水けをきる

材料（450㎖の容器1個分）

りんご……½個
パイナップル（缶詰）……2枚
みかん（缶詰）……100g
水……200g
粉寒天……2g
砂糖……50g
レモン汁……3g

作り方

1

りんごは皮をむいて1㎝角に切り、電子レ
ンジ（600W）で2分加熱し、一度混ぜてから
再び30秒ほど加熱する。

2

シリコン型にパイナップルを先に入れ、りん
ご、みかんの順に重ねて入れる。

3

水と粉寒天を鍋に入れて中火にかけ、混ぜな
がら煮溶かす。

POINT!

粉寒天はしっかり煮溶かすこと。

4

沸騰したら1、2分ほどぶくぶくと沸かし、
その後弱火にする。

5

砂糖を加える。

POINT!
寒天は冷蔵庫に入れ
なくても固まる。

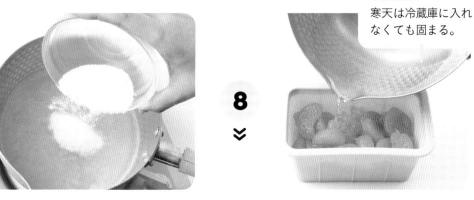

8

2 の型に静かに流し入れ、そのまま置いて
固める。冷蔵庫に入れてもよい。

観察
しよう!
砂糖を加えると寒天液
が透明になる。

6

混ぜて溶かしたら、火を止める。

9

完全に固まったら、型の側面を引いて出しや
すくする。

7

レモン汁を加えて、混ぜ合わせる。

10

皿を型の上にのせ、いっきに逆さまにして型
をはずす。

3つの凝固剤を比べてみよう

PART3で作った、3種類の凝固剤を使ったお菓子。
感触や食感、見た目の違いなどを比べて表にまとめてみました。
自分で作ってみて、ぜひ確認してみてください。

指で触ると…

ゼラチン

指で押すとぐにぐにに、むにっとした強い弾力がある

寒天

指で押すとほろっと崩れる

ペクチン

グミのゼラチンに比べると弾力は少ないけど、もちもちしている

触った感じや食べてみ
たときの弾力やくちど
けはどうか、色々な面
から比較してみてね

食べてみると…

噛むとむにむにとした噛み応えがある。口に含ん
でいると溶けてくる

歯で噛んでも跳ね返すような弾力
はないけど、もっちりしている

歯切れがよい感じで、口の中でぷりぷりと切れる感じがする

寒天の透明度を比べてみよう

寒天の特徴のひとつが、砂糖を入れると透明度が増すこと。
本当に透明になるのか?
2種類の寒天液を作って固めて、比べてみましょう。

砂糖あり	砂糖なし

水100gと粉寒天1g、砂糖40gを
鍋で煮溶かす。少し鍋底が見える。

水100gと粉寒天1gを鍋で煮溶
かしていても、鍋底は見えない。

固めたものを手で持つと、指が透
けて見える。

固めたものを手で持っても、寒天
の後ろにある指はよく見えない。

容器に入れて
固めてみると

寒天液を同じガラス製の容器に入
れて固めてみました。横から見る
と、砂糖を入れていないほうが白
く濁っているのがわかります。上
から見ると、砂糖を入れたほうは
容器の底が見えますね。

PART

4

層になる

比重の違いを利用して遊ぶ

最後は、比重について実験してみましょう。
お菓子作り以外でも、身の回りで観察できることも多いので、
比重について知って、
どんな実験ができるか楽しんでください。

比重の違いで
水に浮くものと浮かないものがある

比重について知る前に、密度について知っていきましょう。同じ大きさで綿と鉄の重さを比べると、鉄のほうが重いということが感覚でわかるのではないでしょうか。同じ体積でも、物質の種類によってそれぞれ重さが異なります。この1㎤あたりの重さのことを密度といいます。そのなかで、水（4度）の1㎤あたりの重さは1g。つまり、密度は1g/

cm³。この値を基準にして、他の物質は何倍重いか軽いかを比べた比率が、比重なのです。

例えば、鉄の比重は7.87あります。同じ大きさで、水よりも7.87倍重いということ。そのため、水に入れると鉄は沈んでしまいます。水に浮くか沈むかは、比重が1よりも大きいか小さいかでわかります。

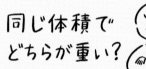

同じ体積で
どちらが重い？

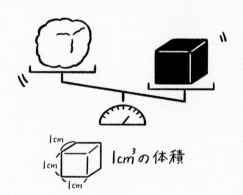

1cm³の体積

水に浮かぶ氷

水が凍って固まった氷。同じ水なのに、なぜ水に入れると浮くのでしょうか？じつは、水は凍った状態（氷）のほうが、比重が軽くなります。それは、氷になるときに体積がふくらみ、大きくなるから。水の比重を1とすると、氷の比重は0.92。水よりも比重が小さいですね。そのため、氷は水に浮くのです。また、水は温度によって比重が違います。お風呂に入ったとき、上は熱いのに、底のほうはぬるいなんてことはありませんか？水は4度のときにいちばん重く、体積も小さくなります。つまり、冷えた水ほど重いため沈んで下にいき、温かい水ほど上にいくのです。これが水の対流です。これも比重によって起こる日常の化学です。

北海道などで見られる
「流氷」も
海に浮いているね。

杏仁豆腐とシロップ

　中華料理のおいしいデザートである杏仁豆腐は、シロップの上に浮かんでいますよね。そう、これも比重の違いを利用しているのです。

　砂糖は水に溶けます。水の温度が20度の場合、100gの水に、なんと200gもの砂糖を溶かすことができるのです。200gの砂糖が溶けた水は、その分、重さが増します。同じ100gの何も溶けていない水と比べると、砂糖の分だけ重くなっているので、比重も重くなります。水に砂糖を溶かして風味をつけて作るシロップは、杏仁豆腐よりも比重が重く、そのため杏仁豆腐を入れると浮くのです。

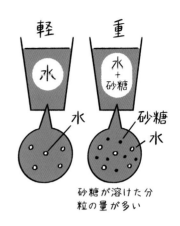

砂糖が溶けた分
粒の量が多い

空気を含ませるスポンジケーキ

　お菓子作りでも比重の考え方が使われることがあります。スポンジケーキは卵に砂糖を加え、最初に泡立ててから、ほかの材料を混ぜて作っていきます。泡立てると卵に空気が含まれていくので、ふんわりしてふっくらと焼き上がります。同じ重さでも、体積が大きくなることで比重が小さくなっていくということですね。これを利用したのは、プリンケーキ(p111)です。プリン液よりも比重が小さくなったスポンジ生地は、プリン液の上に浮かんだ状態で焼くことができるのです。

気泡

飲み物で層を作る

　比重を利用すると、グラスの中で飲み物の層を作ることができます。先ほど説明したように、砂糖は水に溶け、比重が重くなります。水に砂糖を溶かして比重が重い液体を作ってグラスに入れます。その上に比重が軽い液体を静かに流し入れると、2つの液体は混ざることなく、2層に分かれます。PART4ではそんなドリンクのレシピをいくつか紹介しているので、ぜひ試してみてください。

比重の違いで層になるお菓子1
2層のゼリー

比重が違うものを使うことで、
固まると自然に層が分かれるゼリーを作ります。
また、ジュースと生クリームは異なる化学的な性質を持つため、
一見混ざり合ったように見えても混ざらず、
また分かれてくるという原理も利用しています。

比重 ▶ p106

難易度
☆

かかる時間
30分

保存期間
1日（冷蔵）

使う道具
小鍋、小皿
スプーン、ゴムべら
100mℓの容器 3 個
ボウル

下準備
●粉ゼラチンは分量外の水
　にふり入れてふやかす

材料（100mℓの容器3個分）
アセロラジュース……200g
グラニュー糖……20g
粉ゼラチン……3g
生クリーム（乳脂肪分42%）
　　……50g

作り方

1
鍋にジュースとグラニュー糖を入れて中火に
かけて温める。

2
グラニュー糖が溶けたら火を止める。

3
2、3分冷めたら、ふやかしておいたゼラ
チンを鍋に入れる。

4
混ぜてゼラチンを溶かす。

POINT!
ジュースと生クリームは異なる
性質を持つため混ざり合わない。
ざっと全体を混ぜればOK。

5
⌄

ゼラチンが完全に溶けたらボウルに移し、氷
水に底を当てながら混ぜて粗熱を取る。

7
⌄

ざっと混ぜる。

6
⌄

生クリームを加える。

8
⌄

容器に注ぎ入れる。

油分の多い生クリームは、
時間が経つとジュース
(水分)と別れてしまう。

固まる様子を観察してみよう

入れた直後	5分後	10分後	冷蔵庫で1時間

左の写真から、容器に入れた直後、5分後、10分後、冷蔵庫で
1時間冷やした後の様子。徐々に2層に分かれていくのがわかる。

比重 > p106

比重の違いで層になるお菓子2
プリンケーキ

プリンとスポンジケーキがひとつになった、夢のようなお菓子です。
比重が異なるため、プリン生地とスポンジケーキを
別々に焼かなくても、きちんと2層になります。
卵を泡立てた泡が消えないよう、スポンジ生地は最後に型に入れて、
入れたらすぐに焼きましょう。

難易度
☆☆☆

かかる時間
1時間30分

保存期間
1日（冷蔵）

使う道具
直径16cmのマンケ型
小鍋、小皿
スプーン、泡立て器
粉ふるい、ボウル
ハンドミキサー
ゴムべら、ナイフ

下準備
●オーブンを170度に
　予熱する
●バターを湯せんで溶かす
●お湯を沸かす

材料（直径16cmのマンケ型1台分）
カラメルソース
A グラニュー糖……30g
　水……15g
水……15g
プリン生地
牛乳……300g
バニラビーンズペースト……2g
卵……100g（2個）
グラニュー糖……50g
スポンジ生地
卵……50g（1個）
グラニュー糖……30g
薄力粉……30g
バター……10g

作り方

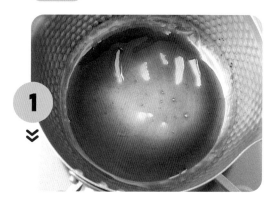

1

カラメルソースを作る。鍋に**A**を入れて中火
にかけ、焦げ茶色になってきたら水を加える。

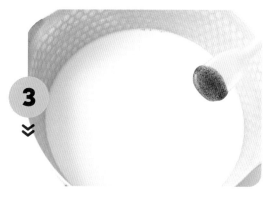

3

プリン生地を作る。鍋に牛乳を入れる。バニ
ラビーンズペーストを加える。なければバニ
ラオイルでもよい。

2

カラメルを溶かしたらマンケ型に流し入れる。

4

鍋を中火にかけ、鍋肌に小さな気泡がつくま
で温める。

比重 > p106

5

ボウルに卵を割り入れてほぐし、グラニュー糖を加えて混ぜる。**4** の牛乳を加えて、よく混ぜたらプリン生地の完成。

POINT!
温めることで卵の起泡性がよくなる。

8

ハンドミキサーに持ち替え、50度くらいのお湯を入れたボウルで湯せんしながら泡立てる。

6

スポンジ生地を作る。ボウルに卵を割りほぐし、グラニュー糖を加える。

9

泡立て器ですくうと「の」の字や「8」の字がかけるくらいまで泡立てる。

7

泡立て器で軽く泡立てる。

10

薄力粉をふるって加える。

11

泡をつぶさないように、ゴムべらでさっくり
と混ぜる。

14

なめらかになったら、ボウルに加える。

12

粉けがなくなるまで混ぜたらOK。

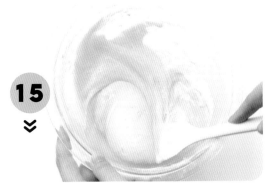

15

ゴムべらで全体を混ぜ合わせる。

13

溶かしたバターに**12**の生地を少し入れて混
ぜ、よくなじませる。

POINT!

泡が消えないように、スポ
ンジ生地ができたらすぐに
型に入れるようにする。

16

スポンジ生地が完成。

17

1 でカラメルソースを入れた型に、**5** のプリン生地を流し入れる。

観察
しよう!
プリンの上にスポンジ
生地が浮いているよ。

18

16 のスポンジ生地を静かに流し入れる。

POINT!
湯せん焼きすることで蒸し焼きに。
オーブンの中の温度が上がり過ぎ
ず、プリンに「す」が入りにくい。

19

天板に型をのせ、お湯を注ぎ入れる。170度
のオーブンで50分湯せん焼きする。

20

焼けたら布巾の上などに置いて冷ます。

21

ナイフを生地と型の間に入れて、ぐるりと一
周させる。

観察
しよう!
どんなふうにプリン生地と
スポンジ生地が層になって
いるかな?

22

型の上に皿をのせてひっくり返し、皿と型を
しっかり押さえて左右に振り、型を静かには
ずす。

比重がわかると簡単！1
ツートーンコーヒー

SNSでもよく見かける、牛乳とコーヒーが層になったカフェオレ。
じつは簡単に作ることができます。
上下を変えて、2種類のカフェオレを作ってみましょう。

比重 > p106

難易度

☆

かかる時間

15分

保存期間

保存はできないので、
作ったらすぐ食べきる

使う道具

計量カップ、小皿
スプーン
150〜200mℓが
　入るグラス

下準備

●コーヒーを淹れる

材料（150〜200mℓが入るグラス1個分）

A（コーヒーが下）
　コーヒー……70g
　牛乳……30g
　グラニュー糖……8g
　氷……適量

B（牛乳が下）
　コーヒー……70g
　牛乳……30g
　グラニュー糖……8g
　氷……適量

作り方

1
≫

Aのコーヒーが下になるパターンの材料を
用意する。

3
≫

グラスに氷を入れ、コーヒーを流し入れる。

2
≫

コーヒーにグラニュー糖を加え、よく混ぜて
溶かす。

POINT!
氷につたわせるように
牛乳を入れる。

4
≫

牛乳を静かに流し入れる。

観察
しよう！ 層の様子を
見てみよう。

5

コーヒーと牛乳は混ざらずに分かれている。

POINT!
コーヒーも氷につたわせる
ように入れる。

8

コーヒーを静かに流し入れる。

6

B の牛乳が下になるパターンの材料を用意
する。

9

コーヒーと牛乳は混ざらずに分かれている。

観察
しよう！ 層の様子を見てみよう。
AとBはどんな違いが
あるかな？

7

牛乳にグラニュー糖を加え、よく混ぜて溶か
す。グラスに氷を入れ、牛乳を流し入れる。

10

２つのグラスを並べたところ。

比重 ▶ p106

比重がわかると簡単！2
黒みつ抹茶ラテ

次は、抹茶を牛乳に混ぜて、その上にホイップクリームをのせてみましょう。

さらに黒蜜をかけるとどうなるのか？

空気を含んでいるホイップクリームは軽いですが、

黒みつは砂糖がたくさん溶けているので比重は重くなります。

難易度
☆

かかる時間
10分

使う道具

計量カップ、小皿
ミルクフォーマー
　（100円ショップなどで
　売っているものでOK。
　なければミニ泡立て器）
アイスクリームディッシャー
　（なければ大きめの
　スプーン）
200㎖ほどが入るグラス

材料（200㎖ほどが入るグラス1個分）

牛乳……100g
抹茶パウダー……3g
ホイップクリーム……適量
黒蜜……約30g
氷……適量

作り方

1

大きめの容器に牛乳と抹茶パウダーを入れる。

3

抹茶ラテの完成。

2

ミルクフォーマーでよく混ぜて泡立てる。

4

グラスに氷を入れ、抹茶ラテを流し入れる。

観察
しよう! どんなふうに
沈んでくるかな?

5

アイスクリームディッシャーなどにホイップ
クリームを入れる。

8

少し待つと黒蜜はグラスの下のほうに沈んで
くる。

観察
しよう! ホイップクリームと黒蜜の
様子はどう違うかな?

6

グラスの上にホイップクリームをのせる。

9

ホイップクリームは沈んでいない。

7

ホイップクリームの上から黒蜜をかける。

10

上から見たところ。色々な方向から観察して
みよう。

比重がわかると簡単！3
カシスオレンジジュース

最後は、シロップとジュースの分量を変えた3パターンのドリンク。
どれも層になりますが、それぞれどんな違いがあるでしょうか？
層の見え方や混ぜてみてどうなるかなど、観察してみてください。

比重 > p106

難易度

☆

かかる時間

20分

使う道具

計量カップ、小皿
スプーン
ストローかマドラー
100mℓほどが
　　入るグラス

材料（それぞれ100mℓほどが入るグラス1個分）

パターン1
　オレンジジュース……90g
　カシスシロップ……10g

パターン2
　オレンジジュース……60g
　A｜オレンジジュース……30g
　　　｜カシスシロップ……10g

パターン3
　オレンジジュース……20g
　B｜オレンジジュース……70g
　　　｜カシスシロップ……10g

作り方

1

パターン2の**A**の材料を計量し、カシスシロップにオレンジジュースを加える。

3

パターン3の**B**の材料を計量し、カシスシロップにオレンジジュースを加える。

2

スプーンでよく混ぜる。これでパターン2の準備ができた。

4

スプーンでよく混ぜる。これでパターン3の準備ができた。

POINT!
それぞれシロップの原液や
ジュースにシロップを加え
ているので比重が大きい。

5

3つのパターンのベースが完成。

POINT!
こうすることで層が
きれいにできる。

6

パターン1を作る。カシスシロップが入っ
たコップに、ストローを斜めに立てる。スト
ローを伝わらせ、オレンジジュースを流し入
れる。

7

パターン2を作る。**6**と同じようにして、
2のコップにオレンジジュースを流し入れる。

8

パーン3を作る。**6**と同じようにして、**4**
のコップにオレンジジュースを流し入れる。

9

3つのパターンそれぞれに層ができた。

比重 > p106

3つのパターンの層を比べてみよう

3はオレンジジュースで層を作るのも難しいと感じたな〜

1   **2**   **3**

左から、**1** は比重の差が大きいので、層がとてもくっきりしている。**2** もくっきりしているが、**1** に比べるとぼんやりしている。**3** は比重の差が小さいので、層がぼんやりしている。

混ぜるとどうなるかな?

左から **1**、**2**、**3**。それぞれを混ぜているところ。どんな違いが出るか、実際に混ぜて確認してみよう。

1   **2**   **3**

カラフルに変化する

ライムとサンルージュの さっぱりドリンク

このコラムでは、色が変化するドリンクを紹介します。「サンルージュ」という、酸性のものを加えると赤く色が変わる日本茶を使います。サンルージュには、アルカリ性のアントシアニンという色素が含まれていて、その性質によって、酸性のレモン汁などを加えることで酸性に傾き、色が変化するのです。

材料（グラス1杯分）

サンルージュ（ティーバッグ）
　……1個
グラニュー糖……7g
ライム果汁……⅛個分（4〜5g）
ミントの葉……3枚ほど
氷……適量

1 ≫

サンルージュを淹れて100g量り、ほかの材料も計量する。サンルージュ液にグラニュー糖を入れて溶かす。

2 ≫

グラスに氷を入れ、ミントとサンルージュ液を入れる。ライム果汁を加える。

3 ≫

色がゆっくりと赤く変わってくるので、観察しよう。

材料（ティーカップ1杯分）

サンルージュ（ティーバッグ）
……1個
ゆず茶……20g

カラフルに変化する
ゆず茶と サンルージュの ホットドリンク

　次は同じサンルージュを使ったホットドリンクを作りましょう。加えるのはゆず茶。これひとつで酸性の性質もあり、甘みも加えることができます。ライム果汁を加えるp126のアイスドリンクとどんな違いが出るか、ぜひ比べてみてください。

1

サンルージュを淹れて100g量り、ゆず茶も計量する。

2

耐熱性のカップにゆず茶を入れる。

3

サンルージュ液を加える。すぐに色が赤く変わってくるので、観察しよう。

sachi_homemade（さちほーむめいど）

熊本大学理学部物質化学科を首席で卒業。民間の教育機関で働き、子ども向けに理科・実験教室の講師を務める。一児の母となった後、製菓専門学校通信科を卒業し、国家資格である製菓衛生士免許を取得。菓子研究家としてウェブサイトなどでコラム執筆やレシピ提供を行う。著書に『おうちで作れる実験スイーツレシピ』(翔泳社)がある。
Instagram:@sachi_homemade

STAFF

装丁・本文デザイン	鈴木あづさ(細山田デザイン事務所)
イラスト	killdisco
制作協力	株式会社ｃｏｔｔａ https://www.cotta.jp/
取材協力	宮聡子
撮影	安井真喜子
撮影協力	細井秀美
編集	山田文恵

おうちで作れる
実験スイーツレシピ 2

お菓子 ＋ 化学 ＝ おいしい＆楽しい！

2024年06月24日 初版第 1 刷発行

著者	sachi_homemade(さちほーむめいど)
発行人	佐々木幹夫
発行所	株式会社 翔泳社(https://www.shoeisha.co.jp)
印刷・製本	株式会社 シナノ

©2024 sachi_homemade

ISBN978-4-7981-8218-6
Printed in Japan